krok po kroku

Polski

GW00758596

POZIOM

2

IWONA STEMPEK
ANNA STELMACH

ZESZYT ĆWICZEŃ

Glossa
Polish Language School

e-polish.eu

dla studenta

Zarejestruj się na **e-polish.eu** i korzystaj bezpłatnie z wersji online zeszytu ćwiczeń. Znajdziesz tam:

- dodatkowe 300 ćwiczeń
- tłumaczenie poleceń
- komentarze gramatyczne w różnych językach
- rozbudowany słownik multimedialny
- system zapamiętywania, który ułatwia naukę, skracając czas potrzebny do opanowania nowych słów i wyrażeń.

for student

Register on **e-polish.eu** and get free access to the online version of the workbook. You will also find there:

- extra 300 exercises
- translated instructions
- grammar comments in different languages
- interactive dictionary with examples and grammar forms
- vocabulary memorization system

für Lernende

Melden Sie sich unter **e-polish.eu** an und nutzen Sie kostenlos die Onlineversion des Arbeitsbuches. Sie finden dort auch:

- 300 zusätzliche Übungen
- die Übersetzung der Anweisungen (Arbeitsanweisungen, Lernanweisungen)
- grammatische Kommentare in verschiedenen Sprachen
- ein multimediales Wörterbuch mit Flexionsformen und Beispielen
- ein System zum Speichern von Vokabeln

dla nauczyciela

Zarejestruj się na **e-polish.eu** i korzystaj bezpłatnie przez 6 miesięcy z dodatkowych materiałów do serii „Polski, krok po kroku".

Znajdziesz tam:
- Dodatkowe ćwiczenia, teksty i nagrania – zbiór ponad 4000 materiałów, które mogą służyć do urozmaicania pracy z serią „Polski, krok po kroku" bądź do uzupełniania kursów opartych na innych podręcznikach. Zaawansowana wyszukiwarka ułatwi szybkie przygotowanie lekcji na dowolny temat z zakresu programu gramatyczno-leksykalnego przewidzianego na poziomy A1-B1.
- Gry i zabawy językowe – umożliwiające przygotowywanie atrakcyjnych zajęć, które posłużą zintegrowaniu grupy, pomogą zaktywizować kursantów, a przede wszystkim zainspirują ich do mówienia po polsku.
- Podręcznik nauczyciela – zawierający praktyczne wskazówki, jak wprowadzać i wdrażać kolejne zagadnienia gramatyczne bądź słownikowe i jak najlepiej wykorzystać czas na lekcji.
- Testy sprawdzające do każdego rozdziału podręcznika, które pomogą szybko zweryfikować wiadomości studentów.

Twój **kod dostępu** znajduje się pod płytą CD.

Your **access code** can be found under the mp3 CD.

Ihr **Zugangskode** befindet sich unter der CD mp3.

spis treści

Ćwiczenie 1 (20101)

Proszę pogrupować słowa.

otyły, siwe, chuda *V*, chudy,
odstające, pełne, zadarty, szare,
krótkie i proste, rude, wysokie,
wysoki, gruby, prosty, zgrabny,
długie i kręcone, nadwaga,
piwne, niski, blond, farbowane,
średniego wzrostu, owalna,
duży, gęste, duże, szczupły,
podłużna, krzywy, zielone,
z grzywką, okrągła, skośne,
mocnej budowy, piegowata,
kształtne, niskie

WYGLĄD

TWARZ	*chuda,* ....
WŁOSY	....
OCZY	....
USZY	....
NOS	....
USTA	....
CZOŁO	....
SYLWETKA	....

Ćwiczenie 2 (20102)

Jakie to cechy charakteru?

1. ktoś, kto o wszystkim zapomina — z a p o m i n a l s k i
2. ktoś, kto zawsze się spóźnia — _ _ _ _ p _ _ _ _ _ _ _ l _ _
3. ktoś, kto robi wszystko regularnie — s _ _ _ _ _ _ a _ _ _ _ _ _ _
4. ktoś, kto reaguje bardzo szybko i żywiołowo — _ _ _ n _ _ _ _ c _ _ _
5. ktoś, kto się szybko denerwuje — _ e _ _ _ _ _ y
6. ktoś utalentowany — _ d _ _ n _
7. ktoś szybki i dynamiczny — _ _ _ _ r _ _ _ z _ _ _
8. pewny siebie ≠ — _ _ _ _ ś _ _ _ _ ł _ _
9. nie lubi pracować — _ e _ _ w _ _
10. lubi się śmiać — _ _ s _ _ y

Ćwiczenie 3 🎧 (20103)

Proszę posłuchać tekstu i odpowiedzieć: prawda czy nieprawda?

		P	N
1.	Paweł nie zgadza się na wywiad.	_	V
2.	Paweł jest stomatologiem.	_	_
3.	Paweł pracuje w szpitalu.	_	_
4.	Paweł jest zadowolony ze swojej pracy.	_	_
5.	Zbytnia nieśmiałość to wada Pawła.	_	_
6.	Paweł ma syna i córkę.	_	_
7.	Kiedy Paweł ma wolny czas jeździ na ryby.	_	_
8.	Paweł marzy o domu z ogrodem.	_	_

Ćwiczenie 4 ✏️🎧 ² 20104

Proszę uzupełnić, a następnie posłuchać i skontrolować.

> zawodu **✓**, wady, zalety, gabinet, cechy, zadać, pasjonowałem się, marzenia, zęby, bawię się, rodzinie, w, pomagam, na, chłopiec, po, syna, spędza

D: *Panie Pawle, czy mogę .... panu kilka pytań?*

P: *Oczywiście, proszę bardzo.*

D: *Kim pan jest z .....zawodu.....?*

P: *Jestem dentystą. Pracuję w przychodni i mam też prywatny ....*

D: *Czy lubi pan swoją pracę?*

P: *Tak, cieszy mnie, kiedy pacjenci po wizycie mają dobrze wyleczone i ładne ....*

D: *Jakie .... swojego charakteru pan akceptuje, a jakie chciałby pan zmienić?*

P: *Jestem systematyczny i cierpliwy – to moje .... A ....? Chyba jestem zbyt nieśmiały, muszę nad tym popracować.*

D: *Czy może nam pan opowiedzieć coś o swojej ....?*

P: *Jestem żonaty, mam jednego .... Teraz żona jest w ciąży, ale nie wiemy jeszcze, czy to ...., czy dziewczynka.*

D: *Gratuluję. A jak pan .... wolny czas?*

P: *Nie mam zbyt dużo wolnego czasu. Kiedy nie pracuję, staram się być z rodziną. .... żonie w domu, ... z synem. Wieczorami oglądam telewizję albo surfuję .... Internecie.*

D: *Czy ma pan jakieś hobby?*

P: *Kiedyś .... łowieniem ryb. Mam nadzieję, że kiedy syn będzie starszy, będziemy razem jeździć .... ryby. Teraz on woli grać .... piłkę albo budować modele samolotów*

D: *Czy mogę zapytać o ....?*

P: *Bardzo prozaiczne. Chciałbym mieć własny dom z ogrodem i dużego psa.*

Ćwiczenie 5 20105

Proszę skorygować definicje.

1. Wdowiec to mężczyzna, którego żona mieszka w separacji.
   Wdowiec to mężczyzna, którego żona już nie żyje .

2. Rodzeństwo to brat i ojciec.
   ....

3. Kawaler to mężczyzna, który ma żonę.
   ....

4. Bliźniak to osoba, która nie ma brata ani siostry.
   ....

5. Jedynak to osoba, która ma tylko jedną siostrę lub jednego brata.
   ....

6. Panna to osoba, która nie ma rodziców.
   ....

Ćwiczenie 6 20106

Proszę ułożyć zdania.

> uwielbiać **✓**, nie znosić, pasjonować się, kierować, przepadać za, zarazić się, zajmować się, radzić sobie z, opiekować się, prowadzić, stresować się

> problemy, szpinak, czekolada **✓**, grypa, egzamin, samochód, marketing, pies sąsiada, duża firma, lody, żeglarstwo

Uwielbiam gorącą czekoladę!

Ćwiczenie 7 `20107`

Proszę odpowiedzieć na pytania.

1. Czym można pisać? *długopisem, piórem, ołówkiem*
2. Czym można jeść? ....
3. Czym można się czesać? ....
4. Czym można jeździć do pracy? ....
5. Czym można smarować chleb? ....
6. Czym można się zajmować? ....
7. Czym można się stresować? ....
8. Czym można się cieszyć? ....

Ćwiczenie 8 `20108`

Proszę ułożyć pytania.

1. Olga jest <u>ładną</u> dziewczyną. .... *Jaką dziewczyną jest Olga?*
2. Szymon jest <u>wysokim</u> chłopcem. ....
3. Ojciec zwykle jeździ <u>taksówką</u>. ....
4. Mama pije kawę <u>z mlekiem</u>. ....
5. Mamy lekcje <u>z sympatycznym nauczycielem</u>. ....
6. <u>Przed domem</u> stoi auto. ....
7. Rafał interesuje się <u>tą nową studentką</u>. ....
8. Turysta idzie <u>nowym szlakiem</u>. ....
9. Pies śpi <u>pod fotelem</u>. ....
10. Przyjadę na kurs <u>wczesną wiosną</u>. ....

d. ....

Ćwiczenie 9 `20109`

Proszę podpisać ilustracje, a następnie odpowiedzieć na pytania.

nożyczki do paznokci, krem do rąk, mop, maszynka do golenia, mydło, pasta i szczoteczka do zębów, łyżka i widelec ✓, ręcznik, szminka do ust, balsam do ciała

a. ....

b. ....

c. *łyżka i widelec*

g. ....

f. ....

e. ....

1. Czym jemy spaghetti? *łyżką i widelcem*
2. Czym myjemy zęby? ....
3. Czym myjemy ręce? ....
4. Czym wycieramy się po kąpieli? ....
5. Czym smarujemy się po kąpieli? ....
6. Czym smarujemy ręce? ....
7. Czym kobiety malują usta? ....
8. Czym mężczyźni się golą? ....
9. Czym myjemy podłogę? ....
10. Czym obcinamy paznokcie? ....

h. ....

i. ....   j. ....

Ćwiczenie 10 `20110`

Co pasuje?

1. Studenci spotykają się jutro *nauczycielami* / <u>*z nauczycielami*</u> na kawie.
2. Pojedziesz do domu *pociągiem* / *z pociągiem*?
3. Pojadę *autobusem* / *z autobusem*, bo jest szybciej.
4. Dziecko bawi się *klockami Lego* / *z klockami Lego*.
5. Dziecko bawi się *psem* / *z psem*, bawią się bardzo grzecznie.
6. Mamy kłopoty *pieniędzmi* / *z pieniędzmi*.
7. Nauczycielka zawsze pisze *czarnym pisakiem* / *z czarnym pisakiem*.
8. Piotr interesuje się *tą dziewczyną* / *z tą dziewczyną*.
9. Andrzej został *kierownikiem* / *z kierownikiem* przychodni, będzie teraz więcej zarabiać.
10. Jola nie przyszła na imprezę, została *chorą babcią* / *z chorą babcią*.

Ćwiczenie 11 `20111`

Proszę uzupełnić.

z ✓, ze, przed, za, nad, pod, między, poza

1. Czy ktoś rozmawiał .....*z*..... profesorem?
2. Gdzie jest pilot od telewizora? Leży .... fotelem.
3. Ten obraz jest okropny i dlatego stoi .... szafą.
4. Ktoś zaparkował .... naszym domem, ale nie wiem kto.
5. Dlaczego moja torba leży na podłodze .... waszymi butami?
6. Czy ty każdy weekend musisz spędzać .... domem?
7. Idziesz .... mną do teatru?
8. .... moim domem regularnie latają samoloty.

Ćwiczenie 12 `20112`

Proszę uzupełnić.

mianownik	ja	ty	on	ona	ono	my	wy	oni	one
narzędnik	*mną*								

Ćwiczenie 13 `20113`

Proszę uzupełnić.

1. Chciałabym jechać z .....*wami*...... *(wy)* na wakacje.
2. Czy wiesz, że Piotr interesuje się .... *(ty)*?
3. Czy zjesz z .... *(my)* obiad?
4. Rozmawiałam z .... *(one)*, ale bez rezultatu.
5. Zgadzam się z .... *(on)*, to nie może być prawda.
6. Chcesz pojechać ze .... *(ja)* taksówką?
7. To dziecko jest ciągle chore, rodzice mają z .... *(ono)* sporo problemów.
8. Chciał jechać z .... *(oni)* na narty, ale nie zdał egzaminu i musiał zostać.
9. Pokłóciłam się z .... *(ona)*, jest okropną plotkarą.

DOPEŁNIACZ JEST WSZĘDZIE

Lekcja_02

Ćwiczenie 1 🖉🎧 (3) [20201]

Proszę uzupełnić, a następnie posłuchać i skontrolować.

A.

Filip: *Czy 32 stopnie Celsjusza to normalna temperatura w Polsce? Przecież jestem na Mazurach, a nie w Tunezji!*

Natalia: *Filip, nie marudź! Szkoda ....czasu.... (czas) na gadanie. Idę popływać, idziesz ze mną?*

Filip: *Nie mam .... (ochota). Możesz iść beze .... (ja). Poza tym nie mam już .... (krem) z filtrem i boję się, że słońce mnie poparzy.*

Natalia: *Możesz użyć .... (mój krem). Stoi obok .... (radio). Nie będziesz musiał bać się .... (słońce). I nie narzekaj!*

Filip: *Ja nie narzekam, ja tylko nie znoszę, kiedy jest mi za gorąco.*

Natalia: *Tak? A pamiętasz, że kiedy skończyła się czerwcowa fala .... (upały) i przez tydzień padał deszcz, to mówiłeś, że do .... (życie) potrzebujesz .... (słońce) i .... (ciepło), i nie cierpisz, kiedy jest zimno, szaro i mokro...*

B.

1. .....*Jaka*......... jest temperatura? Bardzo wysoka.
2. .... jest stopni? 32° Celsjusza.
3. .... nie lubi Filip? Upału.
4. .... to jest „upał"? Bardzo wysoka temperatura.
5. .... są teraz upały? Na Pomorzu i Mazurach.
6. .... Filip nie lubi upału?
Ponieważ nie znosi, kiedy jest mu za gorąco.
7. .... boi się Filip? Słońca.
8. .... Filip ma ochotę popływać? Nie.
9. .... była poprzednia fala upałów?
Na początku czerwca.

Ćwiczenie 2 [20202]

Jaki to kataklizm?

Ćwiczenie 3 [20203]

Co pasuje?

1.	pali się	a.	susza
2.	spada	b.	wulkan
3.	brak wody	c.	tsunami
4.	zalewa	d.	pożar
5.	wybucha	e.	trzęsienie ziemi
6.	wieje	f.	powódź
7.	burzy i niszczy	g.	lawina
8.	idzie fala	h.	huragan

O	T	R	Z	Ę	S	I	E	N	I	E
H	U	N	A	R	Z	I	E	M	I	G
S	U	P	O	W	Ó	D	Ź	E	M	I
U	H	U	R	A	G	A	N	I	E	W
P	O	R	E	W	S	U	S	Z	A	L
P	O	Ż	A	R	O	W	I	Z	A	J
E	R	U	L	A	W	I	N	A	O	Ł
W	Y	B	U	C	H	O	I	D	A	S
G	R	O	J	W	U	L	K	A	N	U
O	L	T	S	U	N	A	M	I	B	A

Ćwiczenie 4 🎧 20204

Proszę posłuchać tekstu i odpowiedzieć: prawda czy nieprawda?

		P	N
1.	W ostatnich dniach lipca obfite deszcze spowodowały powódź.	___	✓
2.	Powódź objęła tereny Polski, Czech, Słowacji, Niemiec i Austrii.	___	___
3.	Powódź spowodowała śmierć ponad stu osób.	___	___
4.	Na terenie Polski zginęło 65 osób.	___	___
5.	W czasie powodzi wylały rzeki: Dunaj, Odra i Nysa.	___	___
6.	Fala kulminacyjna najpierw przyszła do Wrocławia, a potem do Opola.	___	___
7.	Z polskich miast w czasie powodzi ucierpiał najbardziej Wrocław.	___	___
8.	Z całej Polski wysyłano dary dla powodzian.	___	___
9.	W wyniku powodzi ponad 7 tysięcy osób straciło domy lub mieszkania.	___	___

Ćwiczenie 5 20205

Proszę uzupełnić.

1. Ona używa bardzo ....*drogich*.... ....*kosmetyków*.... (drogie kosmetyki).
2. Nie będę słuchać .... (twoje kłamstwa)!
3. Potrzebuję .... (porada lekarska).
4. Zapomniałam .... (pieniądze) i nie mogłam zrobić zakupów.
5. Czy mogłabyś popilnować .... (moje dziecko)?
6. Boję się .... (wynik + egzamin).
7. Poszukasz .... (jakaś dobra płyta) na prezent dla niego?
8. Życzymy wam .... (udany wyjazdu).
9. Nie żałujesz .... (tamta niewykorzystana okazja)?
10. Znów uczysz się .... (język niemiecki)?
11. Nie mam .... (żadne nowe rzeczy).
12. Nie widzę tu .... (nic + ciekawy).

Ćwiczenie 6 20206

Czego boi się Mami? Czego szuka Javier? Czego potrzebuje Angela? Czego używa Uwe?

Mami boi się węży.

Ćwiczenie 7 20207

Ilu studentów?

2 - .... studentów	6 - .... studentów	10 - .... studentów
3 - .... studentów	7 - .... studentów	12 - .... studentów
4 - .... studentów	8 - .... studentów	15 - .... studentów
5 - .... studentów	9 - .... studentów	20 - .... studentów

Ćwiczenie 8 20208
Co pasuje?

1. Tydzień temu siedmiu studentów *byli* / *było* / *będzie* na wycieczce.
2. Na jutrzejszym spotkaniu w szkole *jest* / *są* / *będzie* dziesięciu nauczycieli.
3. Tutaj *są* / *jest* / *będzie* dwie czekolady dla ciebie.
4. Dwunastu strażaków *było* / *są* / *byli* na miejscu akcji.
5. Czy te cztery studentki *były* / *było* / *byli* na egzaminie?
6. Dużo pielęgniarek *są* / *jest* / *były* bez pracy.
7. Na spotkaniu *były* / *byli* / *było* mało osób.
8. W przyszłą środę na lekcji *będą* / *jest* / *będzie* ośmiu kursantów

Ćwiczenie 9 20209
Proszę uzupełnić.

1. Na obrazku są .....*dwa*.. (2) koty i .... (1) dziecko.
2. Do szpitala karetka przywiozła .... (12) pacjentów.
3. .... (24) strażaków pomagało w czasie powodzi.
4. W spektaklu brało udział .... (5) dzieci.
5. Ola ma .... (2) papugi i .... (1) kanarka.
6. Spotkałam .... (2) znajomych.
7. Musiałem sprawdzić .... (5) testów.
8. Mam .... (3) braci i .... (1) siostrę.
9. Tylko .... (6) uczniów napisało test bez błędów.
10. Szkoła zamówiła .... (10) nowych komputerów.

Ćwiczenie 10 20210
Proszę skorygować.

1. Na dyskotece było ~~wielu~~ osób. ➔ *wiele*
2. Po pożarze kilka strażaków sprawdzało stan kamienicy. ➔ ....
3. Stracił wszystko, zostało mu tylko kilkoro książek. ➔ ....
4. Ilu dzieci przyszło dziś na przedstawienie? ➔ ....
5. Wiele pacjentów szuka alternatywnych metod leczenia. ➔ ....
6. W pokoju bawiło się kilka dzieci. ➔ ....
7. Wiele ludzi nie rozumie swoich błędów. ➔ ....
8. Ile kucharzy pracuje w tej restauracji? ➔ ....
9. Wielu pielęgniarek szuka zatrudnienia. ➔ ....
10. Kilka mężczyzn brało udział w akcji ratunkowej. ➔ ....

Ćwiczenie 11 20211
Proszę zamienić podkreśloną część zdania tak, żeby łączyła się z dopełniaczem.

1. Nocowałam <u>w mieszkaniu koleżanki</u>. Nocowałam ......*u koleżanki* ....
2. Ewa mieszka <u>między</u> obcymi ludźmi. ....
3. Lubię wszystko <u>poza</u> brukselką. ....
4. Rafał stoi <u>przy</u> kiosku. ....
5. Kupiłam <u>ci</u> prezent. ....
6. Chodzę tam tylko <u>czasami</u>. ....
7. To jest produkt <u>niemiecki</u>. ....
8. Spotkali się <u>na</u> konferencji. ....

TEATR ŻYWYCH FOTOGRAFII
Lekcja_03

Ćwiczenie 1 {20301}

Proszę uzupełnić przyimki.

Zawsze marzyłam, żeby polecieć ..*na*.. tydzień .... Berlina. Na przykład .... styczniu, bo .... zimie jest mało turystów. Mogłabym mieszkać .... mojej przyjaciółki Agaty. Ona tak naprawdę jest .... Warszawy, ale .... kilku lat mieszka .... Berlinie. Pracowała najpierw .... uniwersytecie, a teraz .... prywatnej szkole językowej. Jeśli nie będzie jej pasować, mogę też nocować .... hostelu albo .... Antje, innej znajomej. Kiedy Agata będzie .... pracy, ja pójdę .... jakiegoś muzeum albo po prostu .... spacer. Po południu pójdziemy razem .... piwo albo .... dobrej restauracji .... kolację. Na pewno pójdziemy .... zakupy .... galerii handlowej! Czekam tylko .... e-mail .... Agaty, że ma czas i natychmiast rezerwuję bilet .... samolot. Na szczęście latają bezpośrednio .... Krakowa. Poza tym nigdy nie byłam .... Niemczech; no, tylko parę godzin .... lotnisku .... Frankfurcie, ale to się nie liczy.

Ćwiczenie 2 {20302}

Proszę uzupełnić.

1. Na ....*która*.... *(która)* idziemy do kina?
2. Umówiliśmy się na .... *(ósma)*.
3. Na pewno? Nie na .... *(szósta)*?
4. Ja pamiętam, że po .... *(siódma)*.
5. O .... *(ósma)* to zaczyna się seans.

6. Czyli spotkanie jest przed .... *(ósma)*.
7. Może między .... *(siódma)* a .... *(ósma)*.
8. Jutro mam pociąg o .... *(siódma)* rano.
9. To może seans przed .... *(osiemnasta)*?
10. Spotykamy się po .... *(siedemnasta)*.

Ćwiczenie 3 {20303}

Co to jest?

1. tam ludzie kupują bilety - *k a s a*
2. z lokalną wersją językową to film __ __ b b __ __ __ __ __ w __ __ __ __
3. wersja oryginalna, tekst na ekranie to film z n __ __ __ __ __ __ __ i
4. regulacja temperatury - __ __ __ __ __ __ __ __ __ __ __ __ __ __
5. prostokąt, na którym emitowany jest film - __ __ __ __ __ __
6. fotele jeden przy drugim w kinie w teatrze - __ __ __ __ __
7. opinia krytyka, np. w gazecie - __ __ __ __ __ __ __ __
8. duży pokój w kinie, w szkole itp. - __ __ __ __ __
9. projekcja, pokaz filmowy - __ __ __ __ __ __
10. bilet ze zniżką to bilet - __ __ g __ w __
11. numer fotela - __ __ __ __ __ __

11

Ćwiczenie 4 20304

Proszę ułożyć zdania.

> **seans, sali, ekran, kasie ✓, recenzje, klimatyzacja, dubbingowany, ulgowy, miejsce, rząd, z napisami**

1. Bilety kupujemy w ....*kasie*.......... .
2. O której zaczyna się ....?
3. Czytałam, że ten film ma świetne ....
4. Jestem emerytem, proszę bilet ....
5. .... piąty, ... drugie i trzecie.
6. Syn nie umie czytać, czy ten film jest ...., czy ....?
7. Czy w .... jest ....? Dziś jest bardzo gorąco!
8. To kino ma największy .... w Polsce!

Ćwiczenie 5  20305

Proszę uporządkować dialog, a następnie posłuchać i skontrolować.

- [ ] Do której godziny muszę odebrać bilety?
- [ ] Niestety, nie ma. Musi pan kupić bilet normalny.
- [ ] Dzień dobry. Mam pytanie. Czy osoba niepełnosprawna może bez problemu dostać się do sali kinowej?
- [ ] Rezerwacja automatycznie wygasa 30 minut przed seansem.
- [1] Kino „Relax", słucham?
- [ ] W takim razie proszę dwa bilety, w tym jeden ulgowy. Czy jest zniżka dla opiekuna?
- [ ] Oczywiście, w budynku znajduje się winda.

Ćwiczenie 6 20306

Co to znaczy?

1. z brzegu — a. ulga, redukcja ceny
2. dostać się — b. osoba poruszająca się na wózku inwalidzkim
3. winda — c. ktoś, kto zawodowo pomaga innym, opiekuje się kimś
4. zniżka — d. dzięki niej nie musimy wchodzić po schodach
5. opiekun — e. kończyć się
6. wygasać — f. pierwsze lub ostatnie miejsce w rzędzie
7. niepełnosprawny — g. dojechać, dojść

Ćwiczenie 7 20307

Proszę posłuchać i uzupełnić dialog.

Widz: Dzień ......*dobry*........ . Chciałbym .... 5 biletów na „Hobbita"
Kasjer: Na ....?
Widz: Na .... po południu.
Kasjer: Który ....?
Widz: Ostatni. Czy są .... w środku?
Kasjer: Niestety nie, są tylko z ....
Widz: Do kiedy muszę .... bilety?
Kasjer: Rezerwacja .... 15 minut przed ....
Widz: Dziękuję, do widzenia.

Ćwiczenie 8 ✏️ 🎧 (7) `20308`

Proszę uzupełnić (uwaga na formy), a następnie posłuchać i skontrolować.

A. | reżyser, powieść, fan, adaptacja, premiera ✓, podstawa |

Już jutro światowa ...*premiera*... „Hobbita – niezwykłej podróży" Petera Jacksona.
To pierwszy z trzech filmów zrealizowanych na .... klasycznej ....
fantasy J.R.R. Tolkiena. Na najnowszą .... nowozelandzkiego ....
czekają miliony .... na całym świecie.

B. | spojrzenie, festiwal, tytuł, nagroda, bohater, aktor |

W filmie pod .... „Mój rower" wystąpił obok zawodowych .... znany muzyk
jazzowy, Michał Urbaniak, który gra jednego z głównych .... To historia trzech mężczyzn,
pełne ciepła .... na łączące ich relacje. Obraz zdobył wiele .... na różnych
.... filmowych.

C. | arcydzieło, kultowy, komedia, kamera, obsada |

.... amerykański reżyser Woody Allen znów po obu stronach .... Oczywiście jak
zawsze gwiazdorska ...., m.in. Penelope Cruz. Nie jest to z pewnością ....
światowej kinematografii, ale to niezwykle zabawna .... dla wszystkich.

D. | widz, rola, przebój, rozgrywać się, wcielić się |

W najnowszym filmie o superagencie 007 w .... Jamesa Bonda po raz kolejny ....
Daniel Craig. Akcja .... w Stambule, Londynie i Szkocji. To prawdziwy ....,
obejrzało go rekordowo dużo ....

Ćwiczenie 9 `20309`

Proszę uzupełnić.

MIANOWNIK	CELOWNIK
ja	mi,
ty	
on / ono	
ona	jej,
my	
wy	
oni / one	im,

Brr..., zimno mi.

Ćwiczenie 10 `20310`

Proszę napisać życzenia.

1. my → młoda para (być szczęśliwym)
...*Życzymy im, żeby byli szczęśliwi*........... .

2. mama, zawsze → ja (być zdrowym)
....

3. ja → ty (być wesołym i uśmiechniętym)
....

4. Stefan → kolega (mieć dużo przyjaciół)
....

5. babcia → wnuczka (lubić szkołę)
....

6. oni → my (móc pojechać do USA)
....

7. szef → wy (wejść szybko na rynek)
....

8. koleżanka → koleżanki (nie jeść za dużo)
....

9. tata → dziecko (myśleć nie tylko o sobie)
....

10. ja → oni (pójść na studia)
....

Ćwiczenie 1  20401

Proszę uzupełnić (liczba mnoga), a następnie posłuchać i skontrolować.

LEGENDA O POWSTANIU PAŃSTWA POLSKIEGO

Już dawno, dawno temu Słowianie mieszkali na tych terenach. Na czele słowiańskich rodów stali trzej bracia. Ich .... *(imię)* to Lech, Czech i Rus. To byli mądrzy przywódcy i sprawili, że mieszkańcy byli coraz bogatsi, ale w końcu .... *(plemię)* słowiańskie były tak duże, że brakowało jedzenia. Bracia postanowili, że poszukają nowych ziem. Oni, ich .... *(rodzina)* i przyjaciele pakowali się i modlili: „O, bogowie, pomóżcie nam!". Zostawili swoje stare .... *(dom)* i ruszyli w trzy .... *(strona)* świata: Czech poszedł na południe, Rus na wschód, a Lech na północ. Najpierw jechali rycerze Lecha, potem szli wędrowcy: .... *(kobieta)*, starcy i .... *(dziecko)*, na końcu .... *(koń)* i wojownicy. Niestety, podróżnicy mieli bardzo trudną drogę: szerokie .... *(rzeka)*, wielkie .... *(puszcza)*, atakujące .... *(wilk)*. Mijały .... *(dzień)*, ... *(tydzień)*, ... *(miesiąc)*. Lech zobaczył, że jego ludzie są zmęczeni, więc powiedział, żeby rozbili .... *(namiot)*. Potem popatrzył wkoło. Zobaczył, że są tam .... *(jezioro)*, a w nich .... *(ryba)*, że są też .... *(las)*, ... *(zwierzę)*, żyzne .... *(pole)*. Postanowił zostać. Wszyscy ucieszyli się, ale chcieli, żeby bogowie dali im jakieś .... *(znak)*. Wtedy usłyszeli dziwne .... *(dźwięk)*. Podnieśli .... *(głowa)*, zobaczyli gniazdo, a w nim orła i dwa .... *(pisklę)*. Orzeł rozłożył .... *(skrzydło)* i wyglądał tak wspaniale na tle wieczornego nieba, że zrozumieli: to znak, na który czekali.

W tym miejscu zbudowali miasto: Gniezno, a biały orzeł na czerwonym tle do dziś jest godłem Polski. A nazwa Polanie jest stąd, że potomkowie Lecha, aby zbudować nowe .... *(osiedle)*, musieli wycinać .... *(drzewo)* i w ten sposób tworzyli .... *(polana)* w lesie, na których potem budowali swoje .... *(miasto)* i ......*wsie*...... *(wieś)*.

Ćwiczenie 2 20402

Prawda, nieprawda czy brak informacji?

		P	N	B.I.
1.	Słowianie zawsze mieszkali na tych terenach.	___	___	✓
2.	Lech, Czech i Rus byli rodziną.	___	___	___
3.	Wyruszyli w poszukiwaniu nowych ziem z powodu wojny.	___	___	___
4.	Bracia poszli w cztery strony świata.	___	___	___
5.	Wędrówka była niebezpieczna i trwała długi czas.	___	___	___
6.	Ludzie Lecha czekali na jakiś znak od bogów.	___	___	___
7.	Lech i jego ludzie zobaczyli samotnego orła.	___	___	___
8.	Orzeł jest symbolem i godłem Polski.	___	___	___
9.	Gniezno to nazwa miasta.	___	___	___
10.	Gniezno było stolicą Polski.	___	___	___
11.	Bracia po latach spotkali się w Gnieźnie.	___	___	___
12.	Nazwa „Polanie" pochodzi od słowa „pole".	___	___	___

Ćwiczenie 3 20403

Proszę zamienić na liczbę mnogą.

1. Malarz sprzedał obraz. ...*Malarze sprzedali obrazy*...
2. Recenzent nie oglądał tego filmu. ....
3. Działacz fundacji zebrał fundusze. ....
4. Konsument poszedł do sądu. ....
5. Materialista miał dużo pieniędzy. ....
6. Stoczniowiec buduje statek. ....
7. Kasjer zgubił dokument. ....
8. Tylko okulista mógł zbadać oko. ....
9. Przebieraniec miał fajny kostium. ....
10. Harcerz zjadł kotlet i sałatkę. ....

Ćwiczenie 4 20404

Proszę wpisać końcówki. Uwaga na alternacje!

1. premie...*rzy*..
2. poe.........
3. król.........
4. tury.........
5. dziadk.........
6. lekto.........
7. kierowni.........
8. egoi.........
9. filolo.........
10. szef.........
11. robotni.........
12. przjaciel.........
13. kowboj.........
14. polity.........
15. kompozyto.........
16. architek.........
17. tance.........
18. listonosz.........
19. optymi.........
20. face.........

Ćwiczenie 5 20405

Proszę zamienić na liczbę pojedynczą.

1. Mordercy siedzą już w areszcie. ...*Morderca siedzi już w areszcie*... .
2. Pracownicy szkoły zawiadomili prokuraturę. ....
3. Szantażyści czekają na procesy. ....
4. Węgrzy mają nowe podatki. ....
5. Turyści zaplanowali wycieczki. ....
6. Krakowianie mają dość smogu. ....
7. Bogacze zapłacą więcej. ....
8. Opozycjoniści to chuligani. ....
9. Izraelczycy kupili te banki. ....
10. Showmani zrobili reklamy. ....

Ćwiczenie 6 12 20406

Proszę uzupełnić, a następnie posłuchać pełnej wersji tekstu i skontrolować.

| zawód ✓ | listonosze | emerytów | języków | godziny | zaleta |
| torby | studia | mężczyźni | odpowiedzialna | kwalifikacji | |

Listonosz to ......*zawód*......, w którym nie jest trudno znaleźć pracę. Jako .... pracują kobiety i .... Nie zarabiają dużo, ale nie muszą mieć specjalnych ...., jak znajomość .... obcych czy .... wyższe. Muszą nosić ciężkie .... i dużo chodzić, nawet jeśli pogoda jest fatalna. Znają wielu ludzi ze swojego rejonu, dla .... często są jedynymi gośćmi. Ich praca jest męcząca, zawsze w biegu, ale .... Listonosze mają stałe .... pracy, w dzisiejszych czasach to ....

Ćwiczenie 7

Proszę uzupełnić, a następnie posłuchać i skontrolować.

Tragedia w górach.

Czterej (4) polscy .... *(himalaista)* stanęli na szczycie Broad Peak (8051 m n.p.m.). Szczyt ten zdobyli w latach 50-tych .... *(Austriak)*, ale dopiero .... *(Polak)* weszli na niego zimą. Wcześniej bezskutecznie próbowali .... *(Kanadyjczyk)*, ... *(Hiszpan)* i .... *(Włoch)*. Niestety, podczas zejścia .... (2) .... *(uczestnik)* polskiej wyprawy zaginęli. Po trzech dniach .... *(organizator)* i .... *(lekarz)* ekspedycji uznali ich za zmarłych. Doświadczeni .... *(wspinacz)* mówią: „Takie są góry".

marzec 2013

Bieg Piastów.

To największy masowy bieg narciarski w Polsce, w którym startują zarówno .... *(zawodowiec)*, jak i .... *(amator)*. Co roku w pierwszy marcowy weekend przyjeżdżają do Szklarskiej Poręby .... *(narciarz)* z całej Europy. Tegoroczni .... *(zwycięzca)* to .... *(Czech)*, a w pierwszej dziesiątce znaleźli się też .... *(Niemiec)* i .... *(Polak)*. Najstarsi .... *(biegacz)* mieli ponad 90 lat!

marzec 2013

Niezwykłe konklawe.

Po rezygnacji Benedykta XVI kardynałowie zebrali się na konklawe. Wśród nich najliczniejsi byli .... *(Włoch)*, ... *(Niemiec)* i .... *(Amerykanin)*. .... *(elektor)* wybrali na nowego papieża biskupa Buenos Aires. .... *(pielgrzym)* z całego świata czekali na biały dym na Placu św. Piotra, a potem długo wiwatowali, zwłaszcza .... *(Argentyńczyk)* i inni .... *(mieszkaniec)* Ameryki Południowej. Od nowego papieża .... *(katolik)* oczekują zmian w Kościele.

marzec 2013

Ćwiczenie 8

Proszę zamienić na liczbę mnogą.

1. Korsykanin - *Korsykanie*
2. Sycylijczyk - ....
3. Meksykanin - ....
4. Holender - ....
5. Estończyk - ....
6. Sybirak - ....
7. Prusak - ....
8. Czeczeniec - ....
9. Kurd - ....
10. Metys - ....
11. Żyd - ....
12. Murzyn - ....
13. Arab - ....

Ćwiczenie 9

Proszę rozwiązać krzyżówkę.

1. B E L G O W I E
2.
3.
4.
5.
6.

1. mieszkańcy Belgii
2. mieszkańcy Bułgarii
3. mieszkańcy Portugalii
4. mieszkańcy Włoch
5. mieszkańcy Hiszpanii
6. mieszkańcy Austrii

Ćwiczenie 10 (20410)
Jakie są reguły piłki nożnej?

1. Piłkarze rozgrywają mecz na _b o i s k u_.
2. Zwycięstwo to być lepszym niż p __ __ __ c __ __ __ __ cy.
3. B __ __ __ __ __ rz stoi w bramce i broni.
4. Wynik bezbramkowy to __ __ __ __ s - np. zero do zera.
5. M __ __ __ prowadzą trzej lub czterej __ę __ __ __ __ __ __ e.
6. Jedna __o __ __ __ __ trwa minimum 45 minut.
7. W __ __ __ ż __ __ ie gra jedenastu z __ __ __ __ __ __ __ __ ów.

Ćwiczenie 11 (20411)
Jaki to sport?

1. _k_ ol _a_ rst _w_ o
2. ko__zyk__wk__
3. __i__ka __o__na
4. na__ciars__w__
5. s__atk__wk__
6. p__łk__ r__c__na
7. le__koat__et__ka

Ćwiczenie 12 (20412)
Co nie pasuje?.

1. lekkoatletyka: *rzut / bieg / zjazd / skok*
2. narciarstwo: *łyżwy / narty / kijki / gogle*
3. koszykówka: *drużyna / piłka / kosz / rękawice*
4. siatkówka: *siatka / rakieta / zawodnik / boisko*
5. piłka nożna: *sędzia / bramka / kij / drużyna*
6. sumo: *sanki / walka / zawodnik / arena*
7. golf: *kij / piłka / dołek / kijki*
8. tenis: *kort / rakieta / drużyna / piłka*
9. piłka ręczna: *bramka / kosz / drużyna / boisko*
10. boks: *sędzia / ring / rękawice / wyścig*
11. hokej: *łyżwy / kask / sanki / kij*
12. pływanie: *boisko / basen / kostium / czepek*

Ćwiczenie 13 [16] (20413)
Proszę posłuchać i uzupełnić.

Tenis............ to dobry sport dla ludzi w różnym wieku. Można go .... wewnątrz lub na wolnym powietrzu. Na środku jest .... i piłka musi przejść na drugą stronę. Mężczyźni grają pięć ...., a kobiety trzy sety.

Hokej jest grany na .... lub na trawie. To forsowny sport. .... mają specjalne ubrania i .... ochronne. Potrzebne są dwie bramki, kije i ....

Boks to jeden z najstarszych sportów .... Dwóch zawodników .... jedynie przy użyciu pięści. Jest kilka kategorii wagowych, zawodnicy mają .... i kaski ochronne.

Ćwiczenie 14 (20414)
Dwaj / dwóch? Trzej / trzech? Czterej / czterech?

1. „_Czterej_............ (4) pancerni i pies" to serial polski o II wojnie światowej.
2. „........................ (2) ludzie z szafą" to etiuda filmowa w reżyserii Romana Polańskiego.
3. .... (3) tenorów wydało wiele płyt z muzyką operową.
4. Kacper, Melchior i Baltazar to .... (3) Królowie.
5. „........................ (2) panowie z Werony" to wczesna komedia Shakespeare'a.
6. .... (4) jeźdźcy Apokalipsy mają wyruszyć konno przed Sądem Ostatecznym.
7. „Starsi panowie .... (2), już szron na głowie i nie to zdrowie, a w sercu ciągle maj." - to tekst znanej piosenki Kabaretu Starszych Panów.
8. „........................ (3) panów w łódce (nie licząc psa)" to angielska powieść humorystyczna.
9. „........................ (3) muszkieterowie" to najbardziej znana powieść Aleksandra Dumasa.
10. „........................ (2) zgryźliwi tetrycy" to amerykańska komedia z 1993 roku.

Ćwiczenie 1 (20501)

Proszę uporządkować zdania.

1. mówić. | która | osoba, | Małomówny | za | lubi | wiele | to | nie

   Małomówny to osoba, która nie lubi za wiele mówić.

2. Pogodny | radosne | uśmiecha | usposobienie. | ktoś, | kto | się | ma | i | zwykle | to

   ....

3. się | Wścibski | osoba, | która | to | bardzo | życiem | za | innych | interesuje | ludzi.

   ....

4. kto | Uczynny | to | pomaga | chętnie | ktoś, | innym.

   ....

5. zachowuje | to | która | Arogancki | bezczelnie. | się | osoba,

   ....

6. sobie. | myśli | Egoista | kto | to | ktoś, | o | tylko

   ....

7. ma | czyli | to znaczy | talent. | ktoś, | kto | Zdolny | utalentowany,

   ....

8. to | osoba, | innymi | ludźmi. | która | Towarzyski | chętnie | spędza | z | czas

   ....

Ćwiczenie 2 (20502)

Kto czy który? Proszę uzupełnić definicje (uwaga na formy).

1. Osoba, ...*którą*...... łatwo zdenerwować.
2. Ktoś, ... zawsze robi to, co powinien.
3. Osoba solidna, na .... można polegać.
4. Ktoś, ... nigdy się nie spóźnia.
5. Człowiek, ... jest dobrze zorganizowany.
6. Ktoś, z .... możesz o wszystkim porozmawiać.
7. Osoba bardzo arogancka, dla .... słowo „kultura" nie istnieje.
8. Człowiek, ... podstawową cechą jest spokój.
9. Ktoś, dla .... dużym stresem jest spotkanie z obcymi ludźmi.
10. Ktoś, ... boi się nowych sytuacji.

Ćwiczenie 3  (20503)

Proszę posłuchać i uzupełnić.

To dziecko jest bardzo .... Myślę, że ono jest otwarte i spontaniczne. Jestem pewien, że jest delikatne i bardzo .... Pewnie, jak każde dziecko, jest niecierpliwe. Wydaje mi się, że jest albo będzie (bo nie wiem, czy teraz umie mówić) ....

Ćwiczenie 4 (20504)

Proszę skorygować zdania.

A.
1. Ktoś, ~~kogo~~ zna polski. → *Ktoś, kto zna polski* .
2. Ktoś, kto nie znam. → ....
3. Ktoś, komu bardzo lubię. → ....
4. Ktoś, kogo myślę. → ....
5. Ktoś, z kto mieszkam. → ....
6. Ktoś, kogo ufam. → ....

B.
1. Coś, czego lubię. → *Coś, co lubię* .
2. Coś, co się bardzo interesuję. → ....
3. Coś, czemu kupiłam dla ciebie. → ....
4. Coś, czego się przyglądam. → ....
5. Coś, o czego marzę. → ....
6. Coś, co szukam. → ....

Ćwiczenie 5 (20505)

Transformacje.

1. To człowiek, na którym można polegać. → To *ktoś, na kim* można polegać.
2. To jest osoba, dla której chętnie to zrobię. → To jest .... chętnie to zrobię.
3. To studentka, o której ci opowiadałem. → To .... ci opowiadałem.
4. To zeszyt, który kupiłem wczoraj. → To .... kupiłem wczoraj.
5. To jest audycja, której słuchałem. → To jest .... słuchałem.
6. To jest dziecko, które wygrało konkurs. → To jest .... wygrał konkurs.
7. To jest sąsiadka, której chętnie pomagam. → To jest .... chętnie pomagam.
8. To jest człowiek, którego się boję. → To jest .... się boję.

Ćwiczenie 6 🎧18 (20506)

Co pani Maj mówi o swoich sąsiadach? Proszę posłuchać i zrobić notatki.

Pani Ela jest starszą osobą, to ...*pogodna*... kobieta, ...
....
To .... umie słuchać innych. To osoba, ... zawsze można liczyć. Pomagała mi, kiedy Karolinka była chora.

Pan Robert to ....
....
Pan Robert jest ...., ... nie lubi mówić za dużo, jest .... w kontaktach z ludźmi, ale potrafi być .... i ....

Pan Piotr to ....
....
Myślę, że jest jeszcze .... Jest roztrzepaną osobą. Roztrzepany to .... często gubi różne rzeczy albo ich zapomina.
Pan Piotr to człowiek, ... doskonale .... na komputerach. Już dwa razy naprawił mój laptop.

Nie lubię mówić o pani Joli, bo ....
....
....
To osoba, ... uważa, ...
.... najlepiej i na .... się zna. Według .... to .... i .... osoba.

Ćwiczenie 7 (20507)

Proszę dopisać liczbę mnogą.

1. Jaki jest twój brat? ...... *Jacy są twoi bracia?* ......
2. Dobry nauczyciel jest cierpliwy. ....
3. Ten fachowiec jest bardzo stary. ....
4. Taki mały, a taki szybki! ....
5. Który student pisze egzamin? ....
6. Tamten chirurg jest najlepszy. ....
7. Ten sportowiec był pierwszy. ....
8. Ten Holender był drugi. ....
9. Czyj syn zorganizował to spotkanie? ....
10. Mój dziadek lubił podróżować. ....
11. Twój profesor jest wymagający. ....
12. Nasz lekarz jest sympatyczny. ....
13. Wasz wujek jest skąpy. ....

Ćwiczenie 8 (20508)

Proszę wpisać końcówki. Uwaga na alternacje!

1. chud.*zi*....
2. szczup........
3. otwar........
4. zamknię........
5. młod........
6. star........
7. towarzys........
8. aroganc........
9. mi........
10. pracowi........
11. początkują........
12. boga........

Ćwiczenie 9 (20509)

Proszę zamienić na rodzaj męskoosobowy.

1. Studentki były dobrze zorganizowane.
2. Sąsiadki były mokre od deszczu i złe.
3. Siostry były bogate i szanowane.
4. Żony były beztroskie, rozrzutne, ale szczere.
5. Dziewczyny były wysokie i szczupłe.
6. Nauczycielki były wymagające, ale serdeczne.
7. Jakie kobiety były nagrodzone?
8. Córki były małe, chude i piegowate.

...... *Studenci byli dobrze zorganizowani* ....
....
....
....
....
....
....
....

Ćwiczenie 10 (20510)

Jacy oni są?

1. Muzycy są ...... *utalentowani, kreatywni, roztargnieni* ...... (utalentowany, kreatywny, roztargniony).
2. Rodzice są .... (cierpliwy, kochający, serdeczny).
3. Policjanci są .... (szybki, wysportowany, zdyscyplinowany).
4. Polscy himalaiści są .... (wytrwały, odważny, wytrzymały).
5. Pracodawcy są .... (wymagający, konsekwentny, przewidujący).
6. Listonosze są .... (towarzyski, otwarty, gadatliwy).
7. Karierowicze są .... (ambitny, sprytny, rozrzutny).
8. Sędziowie są .... (obiektywny, wiarygodny, uczciwy).

05

20

Ćwiczenie 11

Proszę skorygować.

1. ~~Które~~ mężczyźni zakwalifikowali się do finału? ....*Którzy*...............
2. Czyj córki uczysz grać na pianinie? ....
3. Tamci studentki są bardzo pilne. ....
4. Jaki psy lubisz najbardziej? ....
5. Czyje uczniowie grają w piłkę? ....
6. Dla który nauczyciela jest ten esej? ....
7. Jaki są dziennikarze? ....
8. Sąsiedzi, które zaprosiłaś, nie przyjdą. ....

Ćwiczenie 12

Co to za słowo?

1. Ktoś, kogo znam. - __ n__ __ __m__
2. Człowiek, który choruje. - *c h o r y*
3. Człowiek, który nie jest stąd. - o __ __ __
4. Człowiek, który nie ma włosów. - __ __ s __
5. Człowiek, który nie choruje. - __ __ r __ __ __
6. Człowiek, który nie ma pieniędzy. - __ i __ __ __ __
7. Człowiek, który nie ma domu. - b __ __ __ __ m __ __
8. Człowiek, który ma dużo pieniędzy. - __ o __ __ __ __
9. Człowiek, który nie ma dzieci. - __ __ z __ __ __ __ __ n __
10. Człowiek, który dużo pracuje i lubi pracować. - __ __ __ c __ w __ __ __ __

Ćwiczenie 13

Proszę zamienić na liczbę mnogą, a następnie zadać pytanie (kto? lub jaki?).

1. Bezdomny człowiek spał w parku. *Bezdomni ludzie spali w parku. Jacy ludzie spali w parku?*
2. Chory leży w szpitalu. ....
3. Bezdomny czekał na pomoc. ....
4. Bogaty nie lubi się dzielić. ....
5. Sąsiad jest już zdrowy. ....
6. Znajomy będzie na kolacji. ....

Ćwiczenie 14

Wyrażanie opinii. Proszę uzupełnić.

1. Czy państwo ....*zgadzają*.......... się ze mną w tej kwestii?
2. Jak ci ...., czy on zdąży na pociąg?
3. Trzeba ...., że ona wygląda bardzo młodo.
4. Czy twoim .... ona powinna tam pójść?
5. Czy .... ciebie można liczyć na jego pomoc?
6. Nie jestem ...., o której godzinie jest koncert, a zaproszenie zostawiłam w domu.
7. Nie ...., jak on się nazywa.
8. Czy państwa .... to jest dobre rozwiązanie?

EDUKACJA

Ćwiczenie 1 `20601`

Co pasuje?

A.
1. bezprzewodowy Internet
2. hasło
3. użytkownik
4. ikonka
5. przeglądarka
6. zalogować się
7. edytor tekstu
8. pulpit
9. link
10. dysk

a. wejść na swoje konto
b. piktogram, który reprezentuje plik, folder, program
c. Wi-Fi
d. widzimy go na monitorze, na nim są ikony
e. osoba, która korzysta z danego konta
f. odsyła do innego pliku lub innej strony w sieci
g. słowo, cyfra lub ich kombinacja, która pozwala wejść na konto
h. otwiera i pozwala oglądać strony w Internecie
i. służy do przechowywania informacji
j. program, który służy do pisania i edytowania tekstu

B.
1. wyślij
2. usuń
3. zapisz
4. wklej
5. wyłącz
6. zaloguj się
7. odbierz
8. włącz
9. kliknij

a. zmiany w tekście
b. monitor, kiedy masz przerwę
c. na portalu do nauki języka
d. maile
e. komputer
f. niepotrzebny fragment tekstu
g. obrazek
h. na link
i. pocztę

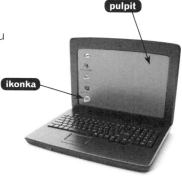

Ćwiczenie 2 `20602`

Proszę uzupełnić.

> **użytkownik √, dysk, hasło, drukarka, przenośny, pulpit, zasilacz, link**

1. Jeśli chce pani skorzystać ze szkolnego komputera, proszę wpisać nazwę ......*użytkownika*......: *student* i hasło: *kursant*.
2. Przepraszam, zepsuła mi się .... i nie mogę panu wydrukować tych dokumentów.
3. Masz bardzo ładne zdjęcie na .... , sam je zrobiłeś?
4. Fotografie z podróży przechowuję na laptopie i dodatkowo na dysku ....
5. Wysyłam panu kilka interesujących .... do stron związanych z promocją naszego regionu.
6. Nie mogę się zalogować, bo nie pamiętam ....
7. Proszę zapisać to na twardym ....
8. Mój laptop się rozładował, a ...., niestety, zostawiłem w domu.

Ćwiczenie 3 🎧 22 20603

Proszę posłuchać i uzupełnić.

1. - Czego zwykle ......*używasz*...... w czasie pracy?
   - Jak wszyscy - .... wszystkim komputera. Do pracy potrzebuję też ....,
   bo moim głównym zadaniem jest .... kontakt z klientami naszej firmy.

2. - Z jakich .... komputerowych najczęściej korzystasz?
   - Jestem ...., więc najczęściej korzystam z edytora .... i programów
   do robienia .... multimedialnych.

3. - Czego .... student do nauki języka polskiego?
   - Przede wszystkim .... i dobrego nauczyciela! Reszta to ....

4. - Czego zwykle .... w Internecie?
   - .... każdy - informacji. Szukam też dobrych .... Produktów, których
   nie mogę kupić. To bardzo .... życie.

5. .... zagrożenia niesie ze sobą Internet?
   - Ludzie najczęściej .... o dzieci, mówią o łatwym .... do niepożądanych
   treści, do pornografii. Zapominają, że często .... zagrożeniem jest to, że Internet
   wciąga, ... czas, wreszcie uzależnia.

6. - Czy dzieci powinny .... z Internetu samodzielnie?
   - To zawsze jest .... Wiem, że moje dzieci są rozsądne, ale wiem, że w Internecie
   przez .... można wejść na nieodpowiednie .... Samodzielność może
   się .... skończyć.

7. - Co .... o blokowaniu stron przez rodziców i pracodawców?
   - .... rodzice są okropni, zablokowali mi .... do części stron w Internecie.
   To bez sensu, ... będę chciał, to i tak pójdę do kolegi i .... na te strony.

8. - Czy zakupy w .... są bezpieczne?
   - Myślę, że tak, ... nigdy nie korzystam z tej możliwości. Produkty spożywcze wolę ....,
   ubrania przymierzyć. Jednym słowem jestem ...., który chce wszystkiego dotknąć.

9. - Co sądzisz na .... portali społecznościowych?
   - Według .... te portale zmieniły naszą codzienność. Jedni ...., że na plus.
   Inni, że na ...., ale wszyscy się zgadzają, że to ....

Ćwiczenie 4 20604

Proszę uzupełnić przyimki.

To moja fotografia ....*z*.... liceum, siedzę .... pierwszej ławce i mam
.... sobie biały golf. .... ławce .... mnie siedzi Marta,
jest ubrana .... koszulę .... kratę. Marta pisze coś .... zeszycie.
.... nią siedzi Tomek – ten .... swetrze .... paski, a za mną Ilona -
ta .... długimi włosami.

Ćwiczenie 5 20605

Proszę uzupełnić.

Studniówka to tradycyjny bal w ......*szkole*........... (szkoła) średniej, który odbywa się na sto dni
przed .... (matura). Obowiązuje na nim elegancki, wyjściowy strój. Na ....
(studniówka) bawią się razem .... (nauczyciel - l. mn.) i ....
(uczeń - l. mn.). Pierwszym .... (taniec) jest zawsze polonez: klasyczny - Ogińskiego
- lub współczesny, Wojciecha Kilara, z .... (film) „Pan Tadeusz".

Ćwiczenie 6 20606

Proszę uzupełnić.

utrzymać	*utrzymanie*	do	*utrzymania*
spotkać		przed	....
pisać		przy	....
oglądać		podczas	....
malować		po	....
surfować		oprócz	....
czatować		bez	....
siedzieć		do	....
uczyć się		poza	....
spóźnić się		przepraszać za	....
jeść		nad	....
pić		prosić o	....

Ćwiczenie 7 20607

Proszę uzupełnić.

1. Mam dziś dużo rzeczy do .... *zrobienia* .... (zrobić).
2. Proszę o .... (usunąć) tego fragmentu z tekstu.
3. Po .... (zalogować się), proszę uzupełnić ankietę.
4. Czy to auto jest do .... (sprzedać)?
5. Proszę o .... (wysłać) tego maila na podany adres.
6. Przed .... (skończyć) projektu nie będę miał na nic czasu.
7. Chciałbym prosić o .... (przedłużyć) urlopu.
8. Zachęcam was do .... (korzystać) z portalu.
9. Czy mogę prosić o .... (zamknąć) okien?
10. Oblałeś egzamin, nie ma mowy o .... (wychodzić) wieczorem.

Ćwiczenie 8 20608

Proszę uzupełnić zdania.

1. Gdzie mam zapisać ten .... *dokument* ....? Na dysku?
2. Jakiej .... internetowej najczęściej używasz? Mozilli czy Explorera?
3. Mam zepsutą .... Czy mogłabyś mi wydrukować te dwie strony?
4. Egzamin dojrzałości po skończonym liceum lub technikum to ....
5. Uważaj, skasowałeś ten schemat, daj szybko ...., to znaczy ctrl+z.
6. Dlaczego moja .... jest taka brudna? Nie możesz jeść, kiedy piszesz coś na komputerze!
7. Nie będę kontynuować studiów, nie muszę być magistrem, ... mi wystarczy.
8. Chcę studiować na .... Sztuk Pięknych.
9. Wykształcenie to inaczej ....

Ćwiczenie 9 20609

Co nie pasuje?

1. egzamin na koniec liceum to: a) matura   b) egzamin dojrzałości   c) ~~test kompetencji~~
2. wykształcenie wyższe to: a) licencjat   b) matura   c) magisterium
3. uczelnia wyższa to: a) studium   b) akademia   c) politechnika
4. indeks na wyższej uczelni to: a) dokument studenta   b) książeczka z ocenami   c) spis przedmiotów
5. lektorat to: a) czytanie tekstów   b) lekcja języka   c) zajęcia językowe
6. „skasuj" to inaczej: a) usuń   b) wytnij   c) cofnij
7. dodaj nowy element: a) kopiuj   b) wstaw   c) wklej

Ćwiczenie 1 20701
Co pasuje?

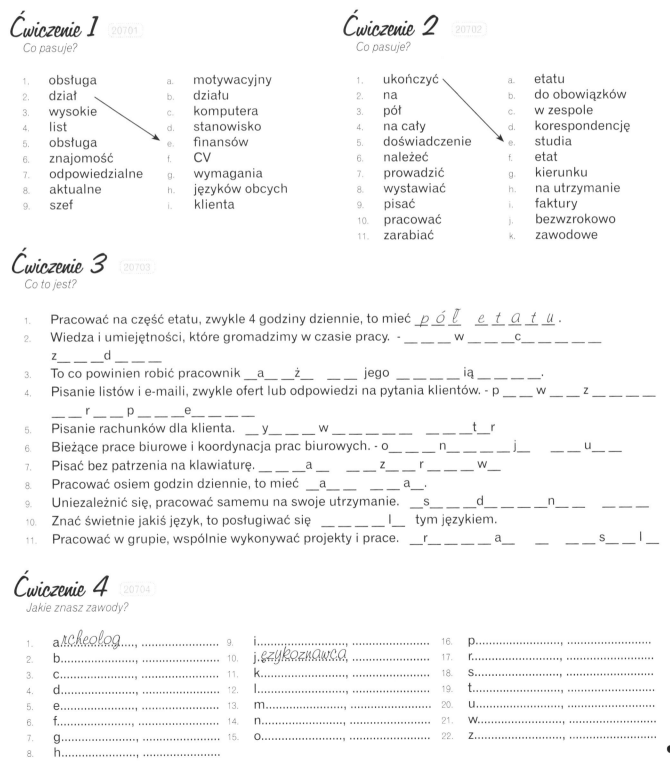

1. obsługa
2. dział
3. wysokie
4. list
5. obsługa
6. znajomość
7. odpowiedzialne
8. aktualne
9. szef

a. motywacyjny
b. działu
c. komputera
d. stanowisko
e. finansów
f. CV
g. wymagania
h. języków obcych
i. klienta

Ćwiczenie 2 20702
Co pasuje?

1. ukończyć
2. na
3. pół
4. na cały
5. doświadczenie
6. należeć
7. prowadzić
8. wystawiać
9. pisać
10. pracować
11. zarabiać

a. etatu
b. do obowiązków
c. w zespole
d. korespondencję
e. studia
f. etat
g. kierunku
h. na utrzymanie
i. faktury
j. bezwzrokowo
k. zawodowe

Ćwiczenie 3 20703
Co to jest?

1. Pracować na część etatu, zwykle 4 godziny dziennie, to mieć *pół etatu*.
2. Wiedza i umiejętności, które gromadzimy w czasie pracy. - _ _ _ _ w _ _ _ _c_ _ _ _ _ _ _ z_ _ _ _d _ _ _ _
3. To co powinien robić pracownik __a__ _ż__ _ _ _ jego _ _ _ _ _ ią_ _ _ _ _.
4. Pisanie listów i e-maili, zwykle ofert lub odpowiedzi na pytania klientów. - p _ _ w _ _ z _ _ _ _ _ _ _ _ r _ _ _ p _ _ _ _e_ _ _ _
5. Pisanie rachunków dla klienta. __ y_ _ _ _ w _ _ _ _ _ _ _ _ _ _ _t_r
6. Bieżące prace biurowe i koordynacja prac biurowych. - o_ _ _ _ n_ _ _ _ _ j_ _ _ _ _ u_ _ _
7. Pisać bez patrzenia na klawiaturę. _ _ _ a _ _ _ _ z _ _ r _ _ _ _ w_
8. Pracować osiem godzin dziennie, to mieć __a_ _ _ _ _ a__.
9. Uniezależnić się, pracować samemu na swoje utrzymanie. __s_ _ _ _d_ _ _ _ _n_ _ _ _ _ _
10. Znać świetnie jakiś język, to posługiwać się _ _ _ _ _ l__ tym językiem.
11. Pracować w grupie, wspólnie wykonywać projekty i prace. __r_ _ _ _ _ a__ _ _ _ _s_ _ l_

Ćwiczenie 4 20704
Jakie znasz zawody?

1. a*rcheolog*...................., ...
2. b...................., ...
3. c...................., ...
4. d...................., ...
5. e...................., ...
6. f...................., ...
7. g...................., ...
8. h...................., ...
9. i...................., ...
10. j.*ęzykoznawca*...................., ...
11. k...................., ...
12. l...................., ...
13. m...................., ...
14. n...................., ...
15. o...................., ...
16. p...................., ...
17. r...................., ...
18. s...................., ...
19. t...................., ...
20. u...................., ...
21. w...................., ...
22. z...................., ...

Ćwiczenie 5 20705

Proszę uzupełnić.

> **zatrudnić, zajmować się** *V*, **kwalifikacje, dostać się, urządzenia, matura, zawód, podjąć, zlecenie, znajomość, własny rachunek, stanowisko**

1. Kto w państwa firmie ....*zajmuje się*.... marketingiem?
2. W naszej ofercie znajdziesz największy wybór .... biurowych.
3. Firma dała ogłoszenie do gazety, bo chce .... nowego pracownika.
4. Bez wysokich .... nie masz szans na tę pracę.
5. Chciałabym .... pracę w państwa firmie.
6. Musisz dobrze zdać ...., żeby .... na studia.
7. On już od lat nie pracuje w ....
8. Mam już dosyć pracy w tej firmie, zaczynam pracować na ....!
9. Na tym .... konieczna jest biegła .... języka niemieckiego.
10. Nie mam umowy o pracę, pracuję na ....

Ćwiczenie 6 🎧31 20706

Proszę posłuchać, a następnie dokończyć zdania.

1. Joanna nazywa się ....*Łapińska*.... .
2. Joanna ma wykształcenie ....
3. Skończyła technikum ....
4. Zdała ....
5. Przez dwa lata pracowała ....
6. Potem pracowała w firmie ....
7. Pracowała jako kontroler ....
8. Sprawdzała, czy ubrania nie mają ....
9. Jeśli chodzi o komputer, to zna obsługę ....
10. Zna trochę ....
11. Jest punktualna, uczciwa i ....

Ćwiczenie 7 ✏️🎧32 20707

Proszę uzupełnić, a następnie posłuchać i skontrolować.

> **Jerzy** *V*, **dobrze, operacyjne, doskonale, politechnikę, operatywny, przedsiębiorstwie**

Nazywam się ....*Jerzy*.... Kuc. Jestem inżynierem. Kiedy skończyłem ...., przez trzy lata pracowałem w .... budowlanym. Znam bardzo .... obsługę komputera, systemy .... Windows i Linux. .... mówię po niemiecku i dobrze po angielsku. Jestem ...., ambitny i pomysłowy.

Ćwiczenie 8 🎧33 20708

Proszę posłuchać i uzupełnić.

Nazywam się Ewa Szołdrzyńska. Z ....*zawodu*.... jestem ekonomistką. Skończyłam .... i Rachunkowość na Akademii Ekonomicznej. Przez pięć lat pracowałam jako główna .... w firmie usługowo-handlowej. Oczywiście znam dobrze obsługę komputera, zwłaszcza programów .... Mówię świetnie po angielsku, bardzo dobrze po niemiecku i dobrze po .... Jestem odpowiedzialna i ....

Ćwiczenie 9 `20709`

Proszę uzupełnić.

1. atuty pracownika to inaczej jego <u>m o c n e   s t r o n y</u>
2. imię, nazwisko, adres, to _ _ _ e   _ _ _ b _ w_
3. kursy, zajęcia dokształcające to _ z _ _ _ e_ _ _
4. poziom naszej edukacji to _ _ _ s_ _ _ _ c_ _ _ _
5. nagrody, wyróżnienia to _ _ i_ _ n _ _ _ i_
6. umiejętności i przygotowanie do zawodu to _ _ _ l _ f _ _ _ _ j _
7. rekomendacje, listy polecające to _ _ _ e_ _ n_ _ _

Ćwiczenie 10 `20710`

Co nie pasuje?

1. Czy mogę spytać, jaki jest pana *wyuczony / ~~wyedukowany~~* zawód?
2. W dzisiejszych czasach *usługa / obsługa* komputera to jedna z podstawowych umiejętności.
3. Na to stanowisko poszukujemy osoby o wysokich *kwalifikacjach / znajomościach*.
4. Czy ma pani jakieś *referencje / restrykcje*?
5. Co należy do listy pana *obowiązków / zarobków*?
6. Kto zajmuje się *koordynacją / obsługą* tej kserokopiarki?
7. A co z pani *znajomością / umiejętnością* języków obcych?
8. Ta firma *zarabia / zatrudnia* bardzo dużo na sprzedaży ubezpieczeń.

Ćwiczenie 11 `20711`

Proszę połączyć antonimy.

1.	używać	a.	prawa
2.	bezrobotny	b.	zwolnić
3.	dać pracę	c.	brak kwalifikacji
4.	stracić pracę	d.	nie korzystać
5.	obowiązki	e.	brak profesji
6.	profesjonalny	f.	zatrudnić się
7.	umiejętności i znajomość czegoś	g.	zatrudniony
8.	etat	h.	pracownik
9.	zawód	i.	brak oczekiwań
10.	zarobki	j.	amatorski
11.	wymagania	k.	zlecenie
12.	pracodawca	l.	brak wynagrodzenia

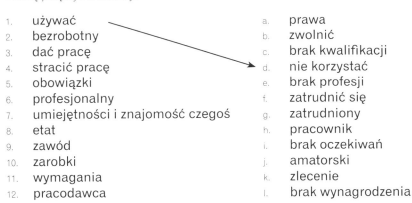

Mam bardzo odpowiedzialną pracę.

Ćwiczenie 12 `20712`

Jaka może być praca? Proszę utworzyć przymiotniki od podanych słów.

interesować się, stresować się, męczyć się, wciągać, ciekawość✓, odpowiedzialność, rozwijać się, nudzić się, przyszłość, wyczerpywać, płacić dobrze, frustracja, atrakcja, satysfakcjonować

PRACA

ciekawa

Ćwiczenie 1  🎧³⁴ 20801

Proszę przeczytać wywiad, uzupełnić i ułożyć 10 pytań do tekstu.

> **przedstawić** ✓, **odwiedzę, korzenie, Amerykanie, przodkach, emigracji, Ameryce, dziadkowie, wymawiać, Wawelu, kilkaset, Ameryki, kultury, dialektu, przypadki, utrzymywaliśmy, języku**

AS: *Porozmawiajmy o tym, co siostra robi w Krakowie. Czy może się siostra ....przedstawić....?*

DB: *Nazywam się Danat Brysch. Jestem ze Stanów Zjednoczonych, urodziłam się w Teksasie, ale mam polskie .... Moi przodkowie pochodzili ze Śląska. Część z nich wyemigrowała do .... w 1854 roku. Dostali ziemię na południu Teksasu i założyli pierwszą w .... polską osadę z kościołem - Pannę Marię, a 25 lat później - Cestohowę. Ja pochodzę właśnie z Cestohowy. Jestem czwartym pokoleniem, które mieszka w Teksasie.*

AS: *Co siostra wie o swoich ....?*

DB: *Nie wiem dużo. Nie .... kontaktów z naszymi rodzinami w Polsce. Wiem, że do Teksasu przybyło trzech braci Bryś. Ojciec mówił, że mężczyźni nie chcieli pójść do pruskiego wojska - to była jedna z przyczyn ....*

AS: *Bardzo jestem ciekawa: czy miała siostra problemy z powodu swojego nazwiska?*

DB: *Cały czas mam problemy! .... nie mogą się zdecydować jak .... „igrek" w moim nazwisku. Nasze nazwisko było pisane w ten sposób w dokumentach niemieckich, ale na starych pomnikach na cmentarzu ma pisownię „Bryś".*

AS: *A co sprawiło, że zaczęła siostra kurs języka polskiego w Krakowie?*

DB: *Uczę się polskiego, bo mamy .... sióstr zakonnych w Polsce, to ważne, żeby mieć z nimi jak najlepszy kontakt. Poza tym kiedy człowiek uczy się języka, uczy się też ...., a ja chcę wiedzieć więcej o kulturze kraju, z którego siostry pochodzą.*

AS: *Czy mogę zapytać, jak siostrze idzie nauka polskiego?*

DB: *Powoli i z trudnością. Język, którym mówię, jest mieszanką śląskiego .... i oczywiście angielskich słów (np. „maczesy" zamiast „zapałki). W domu rodzice i .... mówili w tym specjalnym teksańskim ...., ale moje pokolenie już mówiło głównie po angielsku. Można powiedzieć, że ten język umarł. Teraz, kiedy się uczę na kursie w Krakowie, najtrudniejsze są dla mnie ...., wydają mi się takie dziwne!*

AS: *À propos Krakowa: co siostrze najbardziej się tutaj podoba?*

DB: *Najbardziej podoba mi się Dom Prowincjalny, gdzie mieszkają siostry. Są tu też relikwie naszej fundatorki. Podoba mi się również Kaplica Zygmuntowska na ....*

AS: *Czy może siostra powiedzieć, jakie ma plany na najbliższy czas?*

DB: *Za trzy tygodnie .... siostry Felicjanki w Brazylii, potem wrócę do Rzymu, gdzie teraz mieszkam i będę się uczyć języka włoskiego.*

Anna Stelmach i siostra Danat Brysch

Ćwiczenie 2 `20802`

Proszę uzupełnić (liczba mnoga).

1. Ona nigdy nie chorowała na ......*płuca*........ (płuco).
2. Już nie czekamy na .... (wiadomość) od nich.
3. Nie chodzę na .... (mecz), to zbyt ryzykowne.
4. Nie mam czasu na .... (koleżanka)!
5. Nie zdążyliśmy na .... (reklama).
6. Nie zgadzam się na żadne .... (zmiana)!
7. Nie chcę grać w .... (bula), to nudne.
8. Nie wierzę w .... (horoskop).
9. Nie podziękowałem za .... (maila), przepraszam.
10. Niestety, nie płacą za .... (nadgodzina).
11. Ja nie będę przepraszał za .... (syn)!
12. Nie wyszły za mąż za .... (kuzyn), tylko za .... (brat).
13. Nie proszę o duże .... (kwota).
14. Nie pytaliśmy jeszcze o .... (atrakcja) w tym mieście.
15. Nie dzwonisz po .... (kolega)?

Ćwiczenie 3 `20803`

Proszę zamienić liczbę pojedynczą na liczbę mnogą.

1. Znasz moją kuzynkę?
   .....*Znasz moje kuzynki*......... ?
2. Zwiedzają krakowski kościół.
   ....
3. Kocham mojego wujka.
   ....
4. Kup kiszonego ogórka.
   ....
5. Piję zimny napój.
   ....
6. Spotkałem starego żołnierza.
   ....
7. Mam syjamskiego kota.
   ....
8. Lubię twojego bratanka.
   ....
9. Widzę wysokie drzewo.
   ....
10. Czytacie kolorowy magazyn?
    .... ?

Ćwiczenie 4 `20804`

Co pasuje? Czym różnią się te formy?

1. *decydujący / zdecydowany* mecz
2. *męczący / zmęczony* staruszek
3. *stresujący / zestresowany* student
4. *frustrujący / sfrustrowany* nauczyciel
5. *stresujący / zestresowany* egzamin
6. *denerwujący / zdenerwowany* fakt
7. *decydujący / zdecydowany* polityk
8. *frustrujący / sfrustrowany* policjant
9. *interesujący / zainteresowany* biznesmen
10. *denerwujący / zdenerwowany* ojciec
11. *interesujący / zainteresowany* film
12. *męczący / zmęczony* dzień

Ćwiczenie 5 `20805`

*Proszę przeczytać tekst z podręcznika (str. 55)
i odpowiedzieć na pytania.*

1. Dokąd leciał Tom? ......*Do Krakowa*..... .
2. Jaki był lot?
3. Jak się czuł Tom?
4. Z kim zaczął rozmawiać?
5. O co poprosiła dziewczyna?
6. Ile razy Tom był w Polsce?
7. Kiedy Tom zaczyna kurs polskiego?
8. Gdzie Tom będzie miał kurs?
9. Dokąd wcześniej planował pojechać?
10. Co to znaczy „c.d.n." i gdzie można spotkać ten skrót?

Ćwiczenie 6 `20806`

Co znaczą te skróty?

c.d.n. - *ciąg dalszy nastąpi*		
itd.	n.p.m.	itp.
np.	ok.	pt.
m.in.	tzw.	tzn.

Ćwiczenie 7 (20807)

Proszę ułożyć dialog telefoniczny między dziewczyną a Tomem.

D: *Cześć, to ja, dziewczyna z samolotu.*
T: ....
D: ....
T: ....
D: ....
T: ....
D: ....
T: ....
D: ....
T: *Będę czekać, do zobaczenia!*

Ćwiczenie 8 (20808)

Proszę uzupełnić.

1. Martwię się ......O...... moich rodziców.
2. Wrócę .... godzinę.
3. Szła sama .... ciemny park.
4. Gdzie jest Ala? Poszła .... papierosy?
5. Macie już zaproszenie .... ich ślub?
6. Panie i panowie! Proszę .... uwagę!
7. Przepraszam .... męża, był pijany.
8. Czekam .... miłość mojego życia.
9. Jadę w czerwcu .... Bałtyk.
10. Dzwoń .... pogotowie!
11. Kot ze strachu wszedł .... łóżko.
12. Pisałam .... cały dzień.

Ćwiczenie 9 (20809)

Biernik czy miejscownik?

1. Na ...*stole*........ (stół) leży pilot od telewizora.
2. W .... (środa) mamy spotkanie.
3. Poprosili o .... (podwyżka), ale jej nie dostali.
4. Jakie macie plany na .... (ferie)?
5. Mieszkam we .... (Wrocław) od roku.
6. Chodźmy na .... (Kazimierz)!
7. Po .... (wyjście) z domu spotkał Piotra.
8. Oglądam program o .... (gotowanie).
9. Urodziłam się w .... (czerwiec).

Martwię się o moich rodziców.

Ćwiczenie 10 (20810)

Proszę uzupełnić.

1. Byłem nad ....*morzem*...... . Pojadę nad ....*morze*............ (morze).
2. Stałem przed .... Podjadę pod .... (sklep).
3. Spędziłam sobotę za .... Jadę za .... (miasto).
4. Pies siedział pod .... Pies wchodzi pod .... (krzesło).
5. Stoliki stoją przed .... Wynoszę stoliki przed .... (knajpa).
6. Stałeś przed .... Wyjdź przed .... (budynek).
7. Mieszkają pod .... Jedźmy pod .... (Opole).
8. Piłka jest pod .... Piłka wpadła pod .... (auto).
9. Zawsze siedzę przed .... Wyszli przed .... (dom).

Ćwiczenie 11 (20811)

Kogo oni lubią? Kogo oni kochają? Proszę uzupełnić, używając zaimka „swój".

1. Ania - kot ➜ *Ania lubi swojego kota* .
2. Stefan - brat ➜ ....
3. Ewa - pies ➜ ....
4. Angela - koleżanka ➜ ....
5. Maria - mąż ➜ ....
6. Mami - kolega ➜ ....
7. Javier - koleżanki ➜ ....
8. Karol - nauczyciele ➜ ....
9. Basia - synowie ➜ ....
10. Iza - koty ➜ ....
11. Sylwia - studenci ➜ ....
12. Karolina - rodzice ➜ ....

NIE ZAPOMNIJ PASZPORTU!

Lekcja_09

Ćwiczenie 1 `20901`

Co to jest?

1. Do włosów jest s _z_ c z _o_ _t_ k _a_, a do zębów __ __ c __ o __ __ __ __ z k__.
2. To specjalna torba podróżna, czasem na kółkach. - __ a __ __ z __ __ __
3. Do niej pakujemy szampon, mydło itp. - __ o __ m __ __ __ y __ __ __ __a
4. Myjemy nią zęby, może być miętowa. - __ __ s __ __ __
5. Jest konieczna, kiedy chcemy naładować telefon. - __ __ d __ w __ r __ __ __
6. Może być w kostce, w płynie, w żelu. Potrzebujemy go pod prysznic. - __ y __ ł__
7. Potrzebujemy go po prysznicu. - __ __ c __ __ i __
8. Śpimy w niej. - __ i __ __ m__
9. Może być elektryczna albo jednorazowa. Potrzebują jej zwłaszcza mężczyźni. - __ __ s __ y __ k __   __ __   __ o __ __ n __ __
10. Warto je wykupić, kiedy podróżujemy. __ b __ __ __ p __ __c __ __ __ n __ __
11. Powinna być w każdym samochodzie, w niej są leki. - __ __ __ __e __ __ k __
12. Dokument ze zdjęciem, potrzebny przy przekraczaniu granicy. - __ __ __ __ z __ __ r ____

Ćwiczenie 2 `20902`

Państwo Maj wyjeżdżają do Paryża, a Karol jedzie na obóz w Bieszczady. Mami zostaje w domu.
Pani Maj przygotowała dla nich długą listę rzeczy, o których mają pamiętać.

Karol, pamiętaj przed wyjazdem:

1. ......*Spakuj*...... (spakować) plecak!
2. .... (wziąć) paszport!
3. .... (zapłacić) rachunki!
4. .... (zadzwonić) do babci!
5. .... (odwołać) wizytę u dentysty!
6. .... (posprzątać) swój pokój!
7. .... (wyrzucić) śmieci!
8. .... (podlać) kwiaty!
9. .... (odkurzyć) całe mieszkanie!
10. .... (wyłączyć) komputer!
11. .... (zgasić) światło!
12. .... (zamknąć) drzwi!

Mami, kiedy nas nie będzie, pamiętaj:

1. ....*Gaś*........ (gasić) światło!
2. .... (wyrzucać) śmieci!
3. .... (podlewać) kwiaty!
4. .... (odkurzać) całe mieszkanie!
5. .... (wyłączać) komputer!
6. .... (otwierać) okna!
7. .... (zamykać) drzwi!
8. .... (mailować) do nas codziennie!
9. .... (uczyć się) polskiej gramatyki!
10. Nie .... (wychodzić) z domu późno wieczorem!
11. .... (brać) regularnie witaminy!
12. .... (pisać) SMS-y do Karola!
13. Nie .... (zapomnieć) o rachunkach!

Ćwiczenie 3 20903

Proszę przekształcić zdania.

1. Proszę zaczekać. → *(ty)* *Zaczekaj!* → *(pan)* *Niech pan zaczeka!*
2. Proszę to dać! → *(wy)* .... to! → *(państwo)* ....
3. Proszę otworzyć! → *(wy)* .... → *(panie)* ....
4. Proszę nie zostawać! → *(ty)* .... → *(pani)* ....
5. Proszę przeprosić! → *(wy)* .... → *(oni)* ....
6. Proszę zrozumieć! → *(ty)* .... → *(państwo)* ....
7. Proszę poszukać! → *(my)* .... → *(panowie)* ....
8. Proszę nas odwiedzić! → *(ty)* .... nas! → *(one)* ....
9. Proszę jej pomóc! → *(wy)* .... jej! → *(państwo)* ....

Ćwiczenie 4 20904

Proszę napisać instrukcję dla córki, jak ugotować zupę.

włożyć, obrać, wybrać *V*, dodać, pokroić, zrobić, iść, gotować, nalać, umyć

....*Wybierz*.... przepis na zupę w książce kucharskiej. .... listę zakupów, a następnie .... do sklepu. Po powrocie .... i .... jarzyny. Potem .... je w kostkę. .... wody do garnka i .... pokrojone warzywa. .... łyżkę soli, trochę pieprzu oraz inne przyprawy. .... powoli przez jakieś 30-40 minut.

Ćwiczenie 5 20905

Proszę przekształcić zdania.

1. Grzegorz, zapłać rachunki! Joanna powiedziała, ...*żeby Grzegorz zapłacił rachunki*......... .
2. Karol, spakuj plecak! Mama powiedziała, ...
3. Chłopcy, weźcie paszporty! On przypomniał, ...
4. Aniu, zadzwoń do babci! Siostra powiedziała, ...
5. Odwołajmy wizytę u dentysty! Ela przypomniała, ...
6. Zbyszku, posprzątaj swój pokój! Tato poprosił, ...
7. Mężu, wyrzuć śmieci! Żona poprosiła, ...
8. Dzieci, podlejcie kwiaty! Mama poprosiła, ...
9. Odkurzcie całe mieszkanie! Mama powiedziała, ...
10. Wyłączcie komputer! Nauczyciel poprosił, ...
11. Zgaśmy światło. Ktoś zaproponował, ...
12. Karolina, zamknij drzwi. Karol powiedział, ...

Ćwiczenie 6 20906

Proszę uzupełnić zdania nieosobowymi formami czasownika.

1. Kiedy nie musimy czegoś robić, ale nie ma problemu, żeby to zrobić, mówimy:
   m o ż n a   t o   z r o b i ć
2. Kiedy nie musimy czegoś robić koniecznie, ale dobrze by było to zrobić, mówimy:
   _ _ _ _ _ _ _   _ _ _   to zrobić.
3. Kiedy jest coś do zrobienia, ale nie wiadomo, kto konkretnie ma to zrobić, mówimy:
   _ _ _ _ _ _ _   to zrobić.
4. Kiedy zachęcamy kogoś do zrobienia czegoś, mówimy: _ _ _ _ _ _   to zrobić.
5. „Trzeba" w języku oficjalnym często zastępujemy słowem _ _ _ _ _ _ _ _ .
6. Kiedy pytamy o zgodę na zrobienie czegoś, pytamy, czy _ _ _ _ _ _   to zrobić.

Ćwiczenie 7 20907

Transformacje. Proszę zastąpić podkreślone słowa czasownikiem nieosobowym i przekształcić zdania.

1. <u>Nie możesz</u> tego robić! → *Nie wolno ci tego robić!*
2. Tutaj parkowanie <u>jest zakazane</u>. → ....
3. <u>Nie ma sensu</u> tego robić. → ....
4. <u>Należy</u> to napisać do piątku. → ....
5. <u>Nie powinniście</u> jeść przeterminowanych produktów. → ....
   ....
6. Wstęp <u>wzbroniony</u>! → ....
7. <u>Dobrze</u> mieć duży słownik. → ....
8. Tutaj jest <u>zakaz</u> palenia, ale tam <u>możesz</u> palić. ....
   ....
9. <u>Musisz</u> kupić pastę do zębów, bo się skończyła. → ....
   ....

Ćwiczenie 8 🎧35 20908

Proszę posłuchać, a następnie uzupełnić (tryb rozkazujący 2 osoba liczby pojedynczej).

1. Uwaga! Proszę <u>przygotować się</u> do kontroli bezpieczeństwa.
   Uwaga! ......*Przygotuj się*............ do kontroli bezpieczeństwa!
2. Proszę zdjąć płaszcze, kurtki, marynarki i włożyć je do pojemników na taśmie.
   .... płaszcz, kurtkę, marynarkę i .... je do pojemnika na taśmie.
3. Proszę również zdjąć paski, zegarki, naszyjniki.
   .... również pasek, zegarek, naszyjnik.
4. Proszę wyjąć z bagażu podręcznego komputery i inne urządzenia elektroniczne.
   .... z bagażu podręcznego komputer i inne urządzenia elektroniczne.
5. Płyny powyżej stu mililitrów proszę wyrzucić do odpowiednich koszy.
   Płyny powyżej stu mililitrów .... do specjalnie przygotowanych koszy.
6. Kosmetyki, lekarstwa, płyny poniżej stu mililitrów proszę wpakować do plastikowych, przezroczystych torebek.
   Kosmetyki, lekarstwa, płyny poniżej stu mililitrów .... do plastikowych, przezroczystych torebek.

Ćwiczenie 9 🎧36 20909

Proszę posłuchać, a następnie odpowiedzieć na pytania.

1. Gdzie powinni wrócić pasażerowie?
2. Co muszą zrobić pasażerowie na swoich miejscach?
3. Dlaczego toalety są nieczynne?
4. Jak przebiegło lądowanie?
5. Jak długo pasażerowie powinni pozostać na swoich miejscach?
6. O czym przypomina załoga?
7. Gdzie wolno palić na lotnisku?
8. Za co dziękuje załoga?
9. Czego życzy załoga?
10. Do czego zaprasza załoga?
11. Z czym można się zapoznać na stronie www.lot.pl?

Ćwiczenie 10 🎧37 20910

Proszę posłuchać i uzupełnić informacje.

a. bramka numer ......*15*......
b. poziom ....
c. Jarosław ....
d. prosimy o niepozostawianie bagażu bez ....
e. palenie jest ....
f. prosimy o ....
   się z listą

Ćwiczenie 1 (21001)

Co to jest? Proszę wpisać słowo.

1. Nad lodówką wisi *fartuch*.
2. Na blacie stoją trzy b __ __ __ __ __ __ __.
3. Szczotka do zamiatania stoi przy z __ __ __ __ __ __ __ __ __.
4. Na podłodze stoją dwa wiklinowe k __ __ __ __ __ __ __.
5. Przy kuchence stoi s __ __ __ __ __ z ogórkami.
6. Chochla wisi na k __ __ __ ś __ __.
7. Naczynia stoją na półce w s__ __ __ __ __ __.
8. Torba z zakupami stoi na p__ __ __ __ __ __ __ __ okiennym.
9. Na stole leży o__ __ __ __ __ w kratkę.
10. Jabłka leżą na t__ __ __ __ __ __ __ .

Ćwiczenie 2 (21002)

Co to jest? Proszę wpisać słowo.

1. Deska do prasowania jest przy *oknie*.
2. Żelazko stoi na d __ __ __ __ __ do prasowania.
3. Czapka wisi na l __ __ __ __ __ __ __.
4. Piłka jest przy s __ __ __ __ __.
5. Obraz wisi na ś __ __ __ __ __ __ __.
6. Na podłodze leży d __ __ __ __ __.
7. Jedna poduszka leży na f __ __ __ __ __ __.
8. Druga poduszka leży na p__ __ __ __ __ __ __ __.
9. W __ __ __ __ __ pokoju stoi palma.
10. Między fotelem a sofą stoi s__ __ __ __ __ __ kawowy.

Ćwiczenie 3 (21003)

w? na? o?

1. .....*W*...... mieszkaniu Javiera jest bałagan.
2. .... tym zdaniu są dwa błędy.
3. Byłam .... spotkaniu z obcokrajowcami.
4. .... tamtym przedstawieniu grał świętej pamięci Tadeusz Kantor.
5. Pani Janina ma .... ubraniu plamę z wina.
6. Pani Krystyna jest najlepsza .... pakowaniu rzeczy.
7. Czytałem wiele negatywnych artykułów .... opalaniu się w solarium.
8. Niech pani mi pomoże .... szukaniu lornetki.
9. Nigdy .... życiu nie chciałam pracować w szkole.
10. Anonimowi alkoholicy uczą się mówić .... swoim piciu.
11. Kto jest .... tym zdjęciu?

Ćwiczenie 4 21004

Proszę uzupełnić. (Miejscownik: A. liczba pojedyncza, B. liczba mnoga)

A. Tukany mieszkają w .... *(Ameryka Południowa)*
i .... *(Środkowa)*. Dokładnie: w .... *(Meksyk)*, w ...*Boliwii*...
(Boliwia), w .... *(Kolumbia)*, ... *(Paragwaj)*, ...
(Wenezuela) i w .... *(północna Argentyna)*. Nie mieszkają
w .... *(Ameryka Północna)*, w .... *(Europa)*,
w .... *(Azja)*, w .... *(Australia)*. Nie mieszkają oczywiście ani na
.... *(Arktyka)*, ani na .... *(Antarktyda)*.

B. Co Wikipedia pisze o .... *(tukan)*?
Tukany mieszkają w .... *(las deszczowy)*. Nie latają dobrze, raczej skaczą po
.....*gałęziach*..... *(gałąź)* drzew. Żyją w .... *(grupa rodzinna)*. Mają charakterystyczne duże dzioby w .... *(różny kolor)*. Mieszkają w .... *(gniazdo)*,
które budują w .... *(dziupla)*, to znaczy w takich .... *(dziura)* w ....
(drzewo). Pisklęta opuszczają gniazdo po ośmiu .... *(tydzień)*, a ich dzioby mają osta-
teczny rozmiar po kilku .... *(miesiąc)*. Hodowane są w ....
(duża klatka), bo są bardzo ruchliwe. Pióra tukanów można zobaczyć w .... *(pióropusz)*
Indian Ameryki Południowej.

Ćwiczenie 5 21005

Co pasuje?

1. Pokój ma tylko *jedna / jeden / jedno* okno.
2. Jest tam balkon z *widokiem / widoku / widokami* na podwórko.
3. Balkon jest *prosto / na wprost / na wyprost* drzwi.
4. *Na rogu / Do rogu / W rogu* stoi stare metalowe łóżko.
5. Na parapecie *stoją / leżą / siedzą* dwa kaktusy.
6. Na ścianie nad łóżkiem *zwisa / wisi / wiesza* plakat.
7. Szafy lepiej nie *otwórz / otworzyć / otwierać*.
8. Na szafie są kartony *właściciela / sąsiada / kolegi* mieszkania.
9. *Na środek / Na środku / W środę* pokoju leży dywan.
10. *Na przeciwko / Przeciwko / Naprzeciwko* tego stolika leżą walizki.

Ćwiczenie 6 21006

Co pasuje?

1. W sypialni	a) *śpię*	b) *spaceruję*	c) *spóźniam się*
2. „Drewniany" jest	a) *z drzwiami*	b) *z drewna*	c) *wśród drzew*
3. „Przepiękny" to	a) *dość ładny*	b) *nie za ładny*	c) *bardzo ładny*
4. Szlakiem pieszym nie wolno	a) *spacerować*	b) *jeździć konno*	c) *wędrować*
5. „Wyposażony" to znaczy	a) *ze sprzętami AGD*	b) *nowoczesny*	c) *z pełną lodówką*
6. „Na zewnątrz" to	a) *po domu*	b) *poza domem*	c) *w domu*
7. „Wybrać się", czyli	a) *zdecydować*	b) *wynając*	c) *pojechać*
8. W karczmie można	a) *gotować*	b) *jeść i pić*	c) *wynająć auto*

Ćwiczenie 7 `21007`

Proszę uzupełnić.

jeziorem ✔, boisko, zabytki, domków, zabaw, kominkiem, ognisko, wypożyczalnia, wojny, szlaku, bezprzewodowy

| O nas | Oferta | Okolica | Atrakcje | Kontakt |

Położenie: nad malowniczym ...*jeziorem*..., w bezpośrednim sąsiedztwie lasu, przy najbardziej popularnym .... spacerowo-rowerowym, w odległości 50 metrów od wejścia do rezerwatu przyrody. W okolicy ciekawe .... (zamek Joannitów, średniowieczne kamienice, klasztor cystersów, umocnienia z okresu II .... światowej). Specyficzny mikroklimat o cechach uzdrowiskowych.

Zakwaterowanie: 5 luksusowych .... typu bungalow.

Wyposażenie: 2 sypialnie, pokój wypoczynkowy z .... i telewizorem, łazienka, w pełni wyposażona kuchnia oraz taras z grillem, stołem i ławami.

Do dyspozycji gości:
- bezpłatny, zamykany parking
- internet ....
- plac .... dla dzieci
- miejsce na ....

- wypożyczalnia rowerów wodnych, kajaków i łódek
- .... rowerów górskich i leżaków
- bar z lodami, napojami i posiłkami
- .... do badmintona
- pomosty rybackie, możliwość wykupienia karty wędkarskiej

Ćwiczenie 8 `21008`

Proszę uzupełnić.

1. drogi tata - ......*Drogi Tato!*........
2. kochana żona - ....
3. stary przyjaciel - ....
4. szanowny pan dyrektor - ....
5. najdroższa babcia - ....
6. najukochańsza córeczka - ....
7. kochany dziadek - ....
8. droga kuzynka - ....
9. mój mały syneczek - ....
10. pan generał - ....

Ćwiczenie 9 `43` `21009`

Proszę posłuchać i uzupełnić nazwy, a następnie wyjaśnić, jaki to region.

1. Ka_ _ ub_
2. Su _ alsz _ _yzna
3. _ a _ _ y
4. _ az _mie_z   D_ _ _ _y
5. _ie _ _ c_ady
6. _ _ d _t_

Ćwiczenie 10 `21010`

Proszę uzupełnić (uwaga na formy).

kemping ✔, czysty, jezioro, natura, zbierać, wysyłać

Droga Pani Antonino!
Tak jak obiecałam .... kartkę
z „końca świata". Mieszkam na malutkim
......*kempingu*........... w Parku Narodowym nad
.... Wigry. Każdy dzień zaczynam
od kąpieli w krystalicznie ....
wodzie i czuję się świetnie. Każdemu będę polecać
wakacje na łonie ....: tutaj nie ma
zasięgu, więc odpoczywam też psychicznie
i .... siły do pracy.
Do zobaczenia w biurze!
Małgorzata

WEJŚĆ CZY WYJŚĆ?

Ćwiczenie 1 `21101`

Proszę dopisać prefiksy.

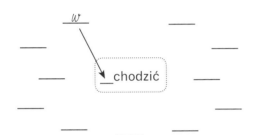

Ćwiczenie 2 `21102`

Jaki to czasownik?

1. do celu - *dochodzić*
2. do środka, do domu - ....
3. z domu - ....
4. przez plac, przez ulicę - ....
5. ze spotkania do domów - ....
6. ze schodów - ....
7. do stolika, do klienta - ....
8. na drugie piętro, pod górę - ....
9. do koleżanki, do babci - ....
10. przeszkodę, drzewo - ....
11. od kogoś, od czegoś - ....
12. burza, wiosna - ....

Ćwiczenie 3 `21103`

Co pasuje?

1. *wchodzić / wejść*
   On stoi w drzwiach i nie ...*wchodzi*... . Powiedz mu, że może ...*wejść*... .
2. *przychodzić / przyjść*
   .... *(ty)* do mnie na moment? Tak rzadko teraz .... *(ty)*.
3. *wychodzić / wyjść*
   Właśnie .... *(ja)*. Czy chcesz .... ze mną?
4. *przychodzić / przyjść*
   Oni często do nas .... , ale dziś nie ....
5. *nadchodzić / nadejść*
   W tym roku wiosna .... i ...., i nie może ....
6. *schodzić / zejść*
   Dziecko nie umie .... ze schodów. Kiedy będzie starsze, będzie .... samo.
7. *wchodzić / wejść*
   Czy mogłabyś .... na górę i przynieść dziadkowi okulary? On ostatnio nie ma siły .... po schodach.
8. *przechodzić / przejść*
   Nie wolno .... przez ulicę, kiedy jest czerwone świato. Za moment będzie zielone i wtedy .... *(wy)*.
9. *dochodzić / dojść*
   Halo, możesz po mnie wyjechać? Jestem tak zmęczona, że chyba nie .... do domu. Gdzie jestem? .... do poczty, tam zaczekam. Dziękuję.
10. *podchodzić / podejść*
    Kiedy ten kelner wreszcie do nas ....? .... *(on)* do wszystkich stolików tylko nie do naszego!

Ćwiczenie 4

Proszę uzupełnić tekst (A), a następnie zmienić aspekt wpisanych czasowników (B).

> **wychodzić** ⱽ, **przechodzić, pójść, schodzić, wyjść, rozchodzić się, obchodzić, dochodzić, wchodzić, nadchodzić, przechodzić, wychodzić, podchodzić, wychodzić**

A.

Kończą się zajęcia, studenci ......*wychodzą*...... z sali i .... do domów. Javier i Uwe jeszcze siedzą w środku i rozmawiają, ale też .... za moment. Angela i Mami planują .... na spacer na Kopiec Kościuszki, ale najpierw .... na moment do biblioteki. Pożyczają książki i .... na korytarz. .... przez hall i .... po schodach. Na dole widzą znajomych, ... do nich na moment, ale zaraz muszą iść na tramwaj. .... ze szkoły, ... źle zaparkowane auto i .... na drugą stronę ulicy. Tam .... do przystanku i sprawdzają, który tramwaj jedzie na Kopiec. Tramwaj zaraz przyjedzie, ale dziewczyny nie są pewne, czy chcą jeszcze jechać na spacer. Dlaczego? Bo zrobiło się ciemno i zimno, chyba właśnie .... burza.

B.

Zaraz ...*skończą się zajęcia, studenci wyjdą z sali i* ....
....
....
....
....
....

Ćwiczenie 5

Proszę uzupełnić (A), a następnie zmienić na czas przeszły (B).

A.

Javier za moment ......*wyjdzie*...... z sali i .... na parter. .... do sekretariatu, żeby podpisać dokumenty. Potem .... ze szkoły, skręci w lewo i .... do ulicy Starowiślnej. .... przez skrzyżowanie, ... słup reklamowy z plakatami i sprawdzi, co ciekawego będzie się działo w najbliższym czasie. Potem .... do sklepu po zakupy. Kiedy już .... od kasy i spakuje zakupy, ... jeszcze na moment na poziom -1, żeby dorobić klucz do śmietnika. Ciągle niestety go gubi. Z nowym kluczem i zakupami .... ze sklepu i .... szybko do domu, bo dziś .... do niego znajomi. Będą razem gotować obiad. Potem pouczą się do testu, a wieczorem .... razem do kina.

B.

Javier już ...*wyszedł z sali* ....
....
....
....
....
....

Ćwiczenie 6

Proszę uzupełnić.

Kiedy skończyły się zajęcia studenci ......*wyszli*...... z sali i .... do domów. Angela i Mami .... na moment do biblioteki, pożyczyły książki i .... na korytarz. Na korytarzu stali znajomi, więc .... do nich, żeby porozmawiać. Potem pożegnały się, ... na dół i .... ze szkoły. Na ulicy .... źle zaparkowany samochód i .... na drugą stronę. .... do przystanku i sprawdziły, o której mają tramwaj. Miały jeszcze 5 minut, więc .... do kiosku po gazety.

Ćwiczenie 7 21107

Proszę uzupełnić.

.....*wejście*.....	wchodzić
....	wychodzić
....	przechodzić
....	dochodzić
....	schodzić
....	podchodzić
....	obchodzić
....	nadchodzić
....	przychodzić
....	odchodzić
....	rozchodzić się

Ćwiczenie 8 🎧45 21108

Proszę posłuchać i dopasować teksty do ilustracji.

WYJŚCIE AWARYJNE

PRZEJŚCIA NIE MA

UWAGA! STROME PODEJŚCIE

ZEJŚCIE ZE SZLAKU WZBRONIONE

WEJŚCIE 1

PRZEJŚCIE DLA PIESZYCH

WEJŚCIE TYLKO DLA PERSONELU

PRZEJŚCIE PODZIEMNE

Dojście do ulicy Śliskiej

WYJŚCIE

11

Ćwiczenie 9 21109

Proszę uzupełnić.

> las *V*, ognisko, szczyt, namiot, burza, wieś, powódź, szlak, schronisko, kemping, plecak

1. Bardzo lubię spacerować po ....*lesie*.......... .
2. Mam już dość mieszkania w mieście, chyba się przeprowadzę na ....
3. Strażacy walczą ze skutkami .... na południu Polski.
4. Nie lubię hoteli, wolę spać na .... pod własnym ....
5. Rysy to najwyższy .... w polskich Tatrach.
6. .... wysoko w górach może być niebezpieczna.
7. Tędy prowadzi jeden z najczęściej uczęszczanych .... w Sudetach.
8. Nie lubię pakować się do walizki, wolę ....
9. Palenie .... w lesie może spowodować pożar.
10. Zmęczeni turyści weszli do ...., żeby odpocząć i zjeść coś gorącego.

Ćwiczenie 10 🎧55 21110

Proszę posłuchać dialogu i dokończyć zdania.

1. Karol mówi, że szukają ....*noclegu*.......... .
2. Pyta, czy są wolne ....
3. Gospodyni mówi, że wszystko ....
4. U sąsiada też nie ma ....
5. Sołtys .... pokoje.
6. Nigdzie nie ma wolnych ....
7. Do schroniska nie dojdą, bo robi się ....
8. Oni już byli w ....

Ćwiczenie 11 21111

Co pasuje?

1. przesadzić — a. idzie ostro w dół albo do góry
2. przygoda — b. być na czas, zrobić coś na czas
3. tłok — c. wyolbrzymić coś lub zrobić coś nieodpowiedniego
4. stromy — d. moment największego zainteresowania czymś, punkt maksimum
5. za taką kasę — e. na wypadek jakiejś sytuacji
6. zdążyć — f. ciekawe przeżycie, interesujące zdarzenie
7. przewidzieć — g. spędzać gdzieś noc
8. szczyt sezonu — h. być mokrym od deszczu
9. nocować — i. dużo osób w jednym miejscu, tłum ludzi
10. w razie czego — j. przypuszczać, domyślić się
11. zmoknąć — k. pokoje gościnne do wynajęcia
12. kwatery prywatne — l. za takie duże pieniądze

Ćwiczenie 12 [21112]

Proszę zmienić rodzaj.

wyszedłem	*wyszłam*	podszedł	....
weszłam	....	odeszłyście	....
przyszła	....	obeszła	....
zeszłaś	....	rozeszliśmy się	....
przeszliście	....	nadeszła	....
doszedłem	....		

Ćwiczenie 13 [21113]

Proszę uzupełnić.

> **obejść** *V*, **podejść, rozejść się, nadejść, zejść, odejść, wejść**

1. *Obeszłam* .... (ja / r.ż.) wszystkie sklepy na osiedlu, ale nigdzie nie było karmy dla kotów.
2. Po zajęciach .... do mnie jakiś student i zapytał, kiedy będzie test.
3. Huragan .... tak szybko, że ledwie zdążyłem się schronić.
4. Po koncercie ludzie szybko .... do domów i teatr opustoszał.
5. .... (ja / r.m.) na bok, bo nie chciałem im przeszkadzać.
6. Jarek .... do apteki, żeby kupić tabletki na ból gardła.
7. .... (on / r.m.) na dół, ale nikogo tam nie było.

Ćwiczenie 14 [21114]

Co nie pasuje?

1. do wniosku: a) ~~podejść~~ b) dojść c) dochodzić
2. zostawić kogoś bliskiego: a) opuścić b) odejść od kogoś c) obejść
3. choroba: a) przechodzi b) mija c) schodzi
4. grypę: a) mieć b) przechodzić c) obchodzić
5. imieniny: a) świętować b) podchodzić c) obchodzić
6. rozwieść się: a) rozminąć się b) rozstać się c) rozejść się
7. zbliża się północ: a) dochodzi b) podchodzi c) nadchodzi
8. ominąć przeszkodę: a) obejść b) okrążyć c) przejść
9. dotrzeć: a) dojść b) dojechać c) wyjść
10. przyjść gdzieś: a) wejść b) wstąpić c) przejść
11. wracać do zdrowia: a) zdrowieć b) dochodzić do siebie c) podchodzić do siebie

Ćwiczenie 15 [21115]

Proszę uzupełnić zdania.

> **wyjść z siebie, wyjść na swoje, wyjść za głupca, wyjść na głupca, wyjść cało** *V*

1. Andrzej ..... *wyszedł cało* .... z wypadku, ale jego żona leży w szpitalu.
2. Zainwestowali w tę firmę wszystko, co mieli. Po kilku latach ciężkiej pracy ....
   i mogli spać spokojnie.
3. Kiedy ojciec usłyszał, że Jarek rzucił studia, po prostu .... Dawno nie widzieliśmy
   go tak zdenerwowanego.
4. Aniela ciągle powtarza, że .... Ja na miejscu jej męża, już dawno bym od niej odszedł.
5. Nie mogłeś się przygotować do tej rozmowy z szefem? Opowiadałeś straszne bzdury, krótko mówiąc
   ....

Ćwiczenie *1* ⟨21201⟩
Co pasuje?

Droga *Aniu* / *Ania*!
Wyjechaliśmy / *Zjechaliśmy* z domu późnym wieczorem, żeby uniknąć korków, ale ze względu na remonty musieliśmy *podjechać* / *zjechać* z głównej trasy i *jeździć* / *jechać* bocznymi drogami, więc na miejsce *pojechaliśmy* / *dojechaliśmy* po północy. Z naszej mapy wynikało, że musimy *przejechać* / *przyjechać* przez przejazd kolejowy i *jeździć* / *jechać* do końca asfaltowej drogi. Tam powinien stać nasz domek. Za przejazdem droga szła ostro do góry, na szczyt wzgórza. Nasz samochód ledwie tam *objechał* / *wjechał*! A potem – nie uwierzysz – skończyła się droga, a domku ani śladu. Zawróciliśmy do miasteczka. *Objechaliśmy* / *Dojechaliśmy* całą miejscowość dookoła, nigdzie żywej duszy! *Przyjechaliśmy* / *Zjechaliśmy* na pobocze, zaparkowaliśmy auto i postanowiliśmy poszukać domku na piechotę. Był zupełnie gdzie indziej! Szczęśliwi, że się znalazł, wreszcie *dojechaliśmy* / *podjechaliśmy* pod domek. Ale natychmiast musieliśmy *wyjechać* / *odjechać* nieco dalej, bo Tomek bał się, że nie *wyjedzie* / *zjedzie* potem z tego błota. Lepiej nie wspominać, co zobaczyliśmy w środku! To był koszmarny weekend! *Wjechaliśmy* / *Wyjechaliśmy* stamtąd bez żalu, w życiu tam nie *pojadę* / *wjadę* drugi raz!

Ćwiczenie *2* ⟨21202⟩
Proszę wyszukać w tekście synonimy do podanych niżej wyrazów.

1. z trudem - ....*ledwie*........
2. po dwunastej w nocy - ....
3. górka - ....
4. nie ma nikogo - ....
5. pieszo - ....
6. w innym miejscu - ....
7. pojechać tą samą drogą z powrotem - ....

8. trochę - ....
9. mokra, brudna ziemia - ....
10. wewnątrz - ....
11. fatalny - ....
12. z tamtego miejsca - ....
13. nigdy więcej - ....

Ćwiczenie *3* ⟨21203⟩
Transformacje.

1. Wyjechaliśmy z domu późnym wieczorem. → ....*Wyjedziemy*...... z domu późnym wieczorem.
2. Zjechaliśmy z głównej trasy. → .... z głównej trasy.
3. Na miejsce dojechaliście po północy? → Na miejsce .... po północy?
4. Przejechałam przez przejazd kolejowy. → .... przez przejazd kolejowy.
5. Jak tam wjechałeś? → Jak tam ....?
6. Objechali całą miejscowość dookoła. → .... całą miejscowość dookoła.
7. Zjechałem na pobocze. → .... na pobocze.
8. Spokojnie podjechała pod domek. → Spokojnie .... pod domek.
9. Odjechały nieco dalej. → .... nieco dalej.
10. Nie wyjechałaś z tego błota? → Nie .... potem z tego błota?

Ćwiczenie 4 · 21204

Proszę uzupełnić (czas przyszły).

> **odjechać *V*, objechać, rozjechać się, przejechać, podjechać,**
> **przyjechać, wjechać, dojechać, wyjechać, zjechać**

1. Kiedy ......*odjedzie*...... pan sprzed sklepu?
2. .... *(my)* windą na ostatnie piętro?
3. Szofer .... pod dom?
4. Bez problemu .... *(ty)* z parkingu?
5. .... *(ja)* przez Polskę na jednym tankowaniu?
6. .... *(ty)* z głównej trasy?
7. .... *(wy)* tylko do Ojcowa?
8. .... *(oni)* rondo kilka razy, jeżeli nie będą wiedzieli którędy jechać?
9. .... *(one)* każda w swoją stronę?
10. .... *(ty)* po mnie na dworzec?

Ćwiczenie 5   21205

Proszę posłuchać i uzupełnić.

Proszę ......*jechać*........ ulicą Warszawską, ... do drugiego skrzyżowania ze światłami i .... w lewo. Następnie .... do Placu Wolności, ... plac i jechać dalej prosto. Potem proszę .... przez most i .... z miasta. Po dwóch kilometrach proszę skręcić w prawo i .... na obwodnicę. Po dwudziestu kilometrach proszę .... z obwodnicy.

Ćwiczenie 6 21206

Proszę uzupełnić.

> **objedź, wsiądź *V*, dojedziesz, wjedź, jedź,**
> **dojedziesz , skręć, przejedź, zjedź, wjedź,**
> **skręć, przejedź, objedź, przejechać**

Rozumiem, że zepsuła się nawigacja, a ty masz słabą orientację w przestrzeni, ale wszystko ci wytłumaczę. Spokojnie ......*wsiądź*........ do samochodu. .... w lewo w małą wiejską drogę, ... nią do obwodnicy. .... na obwodnicę i .... w stronę miasta. Po 10 kilometrach .... pod wiaduktem. Potem .... z obwodnicy i .... do miasta. Potem musisz .... przez most. Następnie .... Plac Wolności i .... w drugą w prawo. Na skrzyżowaniu skręć w lewo w ulicę Mostową i .... przez kolejny most. Potem .... Plac Niepodległości i skręć w ostatnią w prawo. Tak .... do mojego osiedla. Prawda, że to proste?

Ćwiczenie 7 21207

Co nie pasuje?

1. niezadowolenie / oburzenie / ~~rekompensata~~ / frustracja
2. niedopuszczalny / skandaliczny / nie do przyjęcia / nieudany
3. usługa / klient / postępowanie / oferta
4. domek / patelnia / czajnik / talerz
5. niedokładny / niejasny / przypalony / błędny
6. brudny / wyposażony / zaniedbany / zepsuty

Ćwiczenie 8 21208

Co pasuje?

1. sytuacja
2. w ubiegłym
3. niezgodny
4. mapa
5. zawierać
6. w pełni
7. pozostawiać coś
8. domagam się
9. wyrazić
10. być oburzonym

a. dojazdowa
b. nie do przyjęcia
c. rekompensaty
d. tygodniu
e. wyposażona
f. niezadowolenie
g. z rzeczywistością
h. błędne informacje
i. bez komentarza
j. czyimś postępowaniem

Ćwiczenie 9 21209

Proszę uporządkować zdania.

1. państwa / swoje / chciałem / usług / wyrazić / w / z / nierzetelnością / niezadowolenie / związku *Chciałem wyrazić swoje niezadowolenie w związku z nierzetelnością Państwa usług.*

2. państwa / z / tygodniu / w / skorzystałem / oferty / ubiegłym ....

3. był /niemal / punkt / z / nie / niestety / zgodny / oferty / rzeczywistością / żaden
   ....

4. traktować / żeby / niedopuszczalne / tak / klienta / to
   ....

5. błędne / którą / informacje / mapa / otrzymałem / od / zawierała / dojazdowa / państwa
   ....

6. pełni / miała / w / kuchnia / wyposażona / być
   ....

7. dwa / przypalona / i / zepsuty / kuchni / w / talerze / patelnia / czajnik / jedynie / były
   ....

8. rekompensaty / postępowaniem / mój / oburzony / urlop / państwa / i / domagam / się / nieudany / jestem / za ....

Ćwiczenie 10 21210

Proszę uzupełnić zdania odpowiednim czasownikiem ruchu.

1. Pamiętasz, kiedy pierwszy raz ....*pojechałeś*........ za granicę?
2. To prawda, że Titanic .... wprost na górę lodową, bo kapitan jej nie widział?
3. Moje dzieci .... regularnie do dentysty i mają zdrowe zęby.
4. Halo? Właśnie do ciebie ...., jeżeli szybko zaparkuję, to będę za 5 minut.
5. Mój wujek jest doświadczonym pilotem: .... od 20 lat.
6. Polacy często .... na urlop do Chorwacji, bo jest tam taniej niż we Włoszech.
7. Nie lubię spędzać czasu nad wodą, bo po prostu nie umiem ....
8. Ala miała dziś szczęście. Kiedy .... do pracy, znalazła na ulicy stówkę.
9. Babciu, bardzo się bałaś, kiedy pierwszy raz .... samolotem?
10. Bolek po maturze nie .... na studia i do dziś tego żałuje.

Ćwiczenie 11 21211

Proszę uzupełnić zdania odpowiednim czasownikiem ruchu.

1. Pukam do drzwi babci, mówię, że to ja. Babcia mówi: ......*wejdź*........!
2. Uczeń jest bardzo niegrzeczny. Nauczyciel mówi: .... z klasy!
3. Ktoś dzwoni i pyta o męża. Żona mówi: męża nie ma, już .... z domu.
4. Ktoś dzwoni i pyta o żonę. Mąż mówi: żony nie ma, już .... z domu.
5. Jesteś na parterze, winda jest zepsuta. Mówisz sobie: trudno, ... schodami.
6. Jesteś na ostatnim piętrze, winda zepsuta. Mówisz sobie: trudno, ... schodami.
7. Widzisz dużą grupę ludzi. Myślisz: .... bliżej i zobaczę co się stało.
8. Masz 39 lat. Zawsze obchodzisz urodziny z rodziną. Kolega pyta: a może czterdziestkę .... z przyjaciółmi?
9. Jest kwiecień, zimno, pada śnieg. Zastanawiasz się: kiedy .... wiosna?
10. Pies leży na sofie wbrew zakazowi. Krzyczysz: Maks, natychmiast .... z sofy!
11. Trwa nielegalna demonstracja. Policjant mówi: proszę się ....!

Ćwiczenie 12

Proszę uzupełnić.

> **samochód ✓, autostopem, motocyklem, autobus, rower, pociągiem, skutery, samolot, metrem, tramwaj**

Według mnie na co dzień najwygodniejszy jest ...... *samochód* ......, ponieważ nie muszę czekać na przystanku na .... lub ...., zawsze mogę wygodnie siedzieć i nie muszę dźwigać ciężkich toreb z zakupami. W czasie wakacji najwygodniejszy dla mnie jest ...., szybko docieram do celu i mam więcej czasu na wypoczynek, chociaż samo latanie bardzo mnie stresuje. Kiedy byłem studentem, lubiłem podróżować .... Można czytać, spać, spacerować, coś zjeść w wagonie restauracyjnym. Moi znajomi za to uwielbiali jeździć ...., ale takie czekanie na okazję, przy drodze, w upale, to nie dla mnie! Najtańszy środek transportu to moim zdaniem .... Kiedy już go masz, nie płacisz za nic. No chyba, że jakiś złodziej ci go ukradnie! Dlatego nie warto do jazdy po mieście inwestować w drogi model. Chociaż jest idealny do poruszania się i po dużym mieście, i na wsi, nie jest bardzo bezpieczny. Warto mieć kask i odblaski! Teraz coraz bardziej popularne są ....: są małe, nie palą dużo, chyba nawet nie potrzebujesz mieć prawa jazdy. Ale w dużych miastach i tak najszybciej dojedziemy na miejsce .... Niestety, w Polsce jest tylko w Warszawie! Za to moje marzenie to jeździć .... Fajni ludzie, wyluzowani, zwykle ubrani w skórzane rzeczy, słuchają ostrej muzyki i spotykają się na zlotach. Ale moja dziewczyna powiedziała: nigdy w życiu! Wiesz, ilu ich ginie w wypadkach?!

Ćwiczenie 13 🎧⁵⁷ 21213

Proszę posłuchać i dopasować teksty do fotografii.

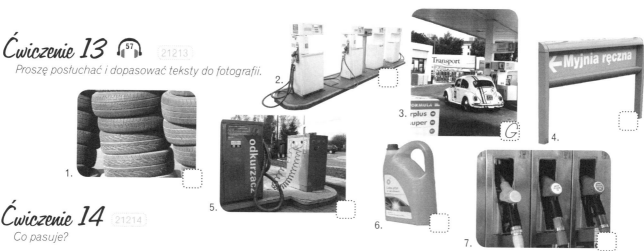

Ćwiczenie 14 21214

Co pasuje?

SYTUACJA

1. Według GPS jedziesz niewłaściwą drogą.
2. Jest gigantyczny korek z powodu wypadku.
3. Starsza osoba stoi w tramwaju.
4. Turysta w tramwaju pyta o dojazd do dworca.
5. Kelner ignoruje wasz stolik.
6. Policjant zatrzymuje samochód do kontroli.
7. Podziemny parking jest przepełniony.
8. Ktoś parkuje przed twoją bramą.
9. Samochód za tobą chce was wyprzedzić.

REAKCJA

a. Proszę wysiąść na następnym przystanku.
b. Jeżeli natychmiast pan nie odjedzie, zadzwonię po straż miejską.
c. Zawróć, jeśli to możliwe!
d. Proszę zjechać na pobocze i przygotować dokumenty.
e. Zjedź na prawy pas!
f. Proszę usiąść!
g. Weź mapę i znajdź jakiś objazd.
h. Musimy zjechać na najniższy poziom.
i. Kiedy pan do nas podejdzie?

Ćwiczenie 15 🎧⁶⁴ 21215

Proszę dopasować definicje do nazw. Nazw jest więcej niż definicji, proszę zdefiniować pozostałe.

KOMU BIJE DZWON?
Lekcja_13

Ćwiczenie 1 [21301]

Proszę uzupełnić.

1. zawieść czyjeś zaufanie - z d r a d a
2. nosić czarne ubranie, bo zmarł ktoś bliski - _ _ _ _ _ _ _
3. życie ≠ _ _ _ _ _ _ _
4. nie mieć pracy - _ _ _ _ _ _ _ _ _ _ _
5. nie mieć domu - _ _ _ _ _ _ _ _ _ _ _
6. rozstanie się z mężem / żoną - _ _ _ _ _ _ _
7. „choroba duszy" - _ _ _ _ _ _ _ _ _
8. kiedy kobieta spodziewa się dziecka - _ _ _ _ _ _
9. zderzenie się dwóch samochodów - _ _ _ _ _ _ _
10. uzależnienie od alkoholu - _ _ _ _ _ _ _ _ _ _ _
11. używanie siły fizycznej wobec innych - _ _ _ _ _ _ _ _
12. wyjazd na zawsze do innego kraju - _ _ _ _ _ _ _ _ _
13. gorsze traktowanie z powodu jakiejś cechy - _ _ _ _ _ _ _ _ _ _ _ _ _ _

Ćwiczenie 2 [21302]

Proszę uzupełnić, a następnie posłuchać i skontrolować.

> niska ✓, trzej, uderzył, wypadek, przemocy, trzech, rozwieść,
> wyszła, księdzem, wózku, siwe, śmierć, zdradził, wypadku

Zofia jest dość ......*niska*...... i korpulentna. Wygląda na starszą niż jest, bo ma .... włosy i ubiera się staromodnie. Poza tym miała bardzo ciężkie życie. Jej mąż Jan, chociaż wygląda na sympatycznego starszego pana, nie raz ją .... Zofia nikomu o tym nie mówiła, bo jak większość ofiar .... domowej bardzo się tego wstydziła. W dodatku Jan stracił pracę, jest bardzo sfrustrowany i zły na cały świat. Kiedy Jan robił karierę, Zofia wychowywała .... synów: Stefana, Pawła i Marcina. Wszyscy .... się ożenili, ale Stefan niedawno stracił żonę w .... i wciąż nie może się z tym pogodzić. Na szczęście nie zamknął się w sobie: czasem rozmawia ze swoim szwagrem, który jest .... Ksiądz Piotr związany jest z rodziną Zofii podwójnie: jego druga siostra, Anna, ... za mąż za młodszego syna Zofii, Pawła. Niestety, Paweł miał .... na nartach: uderzył w niego inny narciarz, obaj nie mieli kasków. Mimo, że jeździ na .... inwalidzkim, próbuje żyć normalnie. Dla Anny .... siostry i wypadek męża to było za dużo. Cierpi na depresję, ale nikt z bliskich tego nie widzi. Najmłodszy syn Zofii, Marcin, nie znalazł szczęścia w małżeństwie. .... swoją żonę, Ewę, z jej najlepszą przyjaciółką. Chce się ...., chociaż mają z Ewą małe dzieci. Czy taka kumulacja nieszczęść w jednej rodzinie jest możliwa?

Ćwiczenie 3 21303

Co pasuje?

- Smutno *mi* / *mnie*. Oglądałam strasznie *dolny* / *dołujący* film: pewna rodzina spotyka się *w* / *we* Wigilię i opowiada *się* / *sobie*, co wydarzyło się *ich* / *im* przez ten *rok* / *roku*. Same tragedie! Śmierć bliskiej *osób* / *osoby*, przemoc *domowy* / *domowa*, nieuleczalna choroba, zdrada, *rozwód* / *rozwodnik*... No i jeszcze wprowadzili się *nowi* / *nowe* sąsiedzi. Mają małego synka, *który* / *kto* jest niepełnosprawny. Wyobrażasz *sobie* / *się*, ile ten mały *jeszcze* / *już* przecierpiał? Czuję *sobie* / *się* taka bezradna, chciałabym jakoś *pomoc* / *pomóc*, ale nie *wiem* / *znam* jak.

- Mami, jest *ci* / *cię* smutno, *ale* / *albo* to tylko film. Owszem, w życiu każdego *ludzi* / *człowieka* są trudne chwile, ale *zawsze* / *nigdy* po burzy wychodzi słońce, pamiętaj o *to* / *tym*. A myślałaś *kiedyś* / *gdzieś* o wolontariacie? Masz trochę *czas* / *czasu*, chcesz pomagać *innymi* / *innym*, mówisz *jeszcze* / *już* po polsku wystarczająco *dobrze* / *dobre*. Poznałem *kiedyś* / *kiedy* dziewczynę, Kasię, *kto* / *która* pracowała w *takim* / *takiej* fundacji. Spróbuję *znaleźć* / *znajdować* do *niej* / *jej* kontakt.

Ćwiczenie 4 🎧72 21304

Prawda czy nieprawda?

		P	N
1.	Mami jest smutna i przygnębiona.	✓	
2.	Film był relaksujący.		
3.	Bohaterowie filmu spotkali się 25 grudnia.		
4.	Mami ma nowych sąsiadów.		
5.	Synek sąsiadów nie jest zdrowy.		
6.	Mami czuje się bezsilna.		
7.	Javier mówi Mami, żeby się nie zajmowała innymi.		
8.	Kasia to aktualna dziewczyna Javiera.		
9.	Kasia pracuje w fundacji charytatywnej.		
10.	Javier nie wie, jak się skontaktować z Kasią.		

Ćwiczenie 5 21305

Co pasuje?

Mami wyszła *z* / *od* budynku fundacji, przeszła *przed* / *przez* ulicę i poszła *do* / *na* przystanek. „Autobus przyjedzie *dopiero* / *tylko* za 10 minut, *można* / *może* pójdę pieszo kawałek" – pomyślała Mami. Kiedy doszła *do* / *na* następnego przystanku, akurat podjechał autobus i Mami szybko *do* / *na* niego wsiadła, *albo* / *ale* niestety nie popatrzyła *w* / *na* numer. Kiedy usiadła i wyjęła bilet zorientowała się, *żeby* / *że* to nie ta trasa, więc wysiadła *na* / *w* kolejnym przystanku. Przesiadła się *na* / *przez* właściwy autobus i dojechała *około* / *do* pętli.

Ćwiczenie 6 21306

Proszę uzupełnić.

Mami ...*poszła*..... (pójść) na pętlę tramwajową, bo tam umówiła się z przyjaciółmi. Przyjaciele .... (przyjść) trochę za wcześnie. Angela .... (pójść) po wodę do kiosku, a Javier .... (podejść) do jakiejś dziewczyny, która miała problem z biletomatem. Uwe dwa razy .... (obejść) kiosk, bo szukał kosza na śmieci. Tom z kolei .... (wejść) do sklepu zapytać o drogę do muzeum. Kiedy Mami .... (wysiąść) z autobusu była pewna, że nikt jeszcze nie .... (przyjść), ale kiedy .... (dojść) na miejsce, wszyscy na raz do niej .... (podejść) z pytaniem: „No i jak było w fundacji?".

Ćwiczenie 7 `21307`

Proszę uzupełnić.

...Komu... *(kto)* w Polsce budujemy pomniki? Otóż najczęściej .... *(sławne osoby)*:
.... *(Fryderyk Chopin)*, ... *(Jan Paweł II)*,
.... *(Mikołaj Kopernik)*, ... *(Adam Mickiewicz)*,
.... *(Józef Piłsudski)*, ... *(Juliusz Słowacki)*
i .... *(inni)*. Często też można spotkać pomniki poświęcone ....
(polscy królowie), ... *(wydarzenia historyczne)*, ... *(żołnierze)*,
a także .... *(zwierzęta)*. Na przykład w Krakowie na bulwarach wiślanych znajduje się
pomnik psa. Kundelek Dżok przez cały rok czekał na swojego pana, który w tym miejscu zmarł. Pomnik
powstał dzięki .... *(Krakowskie*
Towarzystwo Opieki nad Zwierzętami) i .... *(ogólnopolskie media)*.

Ćwiczenie 8 `21308`

Proszę uzupełnić (czas przeszły r. ż.).

1. kwiaty / moja mama / kupić — *Kupiłam kwiaty mojej mamie* .
2. zrobić / mój kot / zdjęcie — ....
3. kontroler / bilet / pokazać — ....
4. posprzątać / moja babcia / piwnica — ....
5. drzwi / otworzyć / inkasent — ....
6. podarować / ta studentka / album — ....
7. samochód / kolega / sprzedać — ....
8. oddać / koleżanka / książka — ....
9. terapeuta / opowiedzieć / moja historia — ....
10. mąż / druga szansa / dać — ....
11. chodnik / odśnieżyć / sąsiadka — ....
12. goście / obiad / podać — ....

Ćwiczenie 9 `21309`

Co ojciec napisał synowi?

Synu! Wyjeżdżam służbowo na kilka dni. Pamiętaj:
- pomagaj ...mamie... *(mama)* w zakupach
- kup .... *(dziadek)* przewodnik
- napisz .... *(siostra)* maila
- wypożycz .... *(brat)* książkę
- dawaj .... *(pies)* jedzenie
- sprzątaj .... *(kot)* kuwetę
- wyślij .... *(babcia)* życzenia imieninowe
- zamów .... *(kuzyn)* części do roweru
- umyj samochód .... *(kuzynka)*
- pomóż .... *(szwagier)* w ogrodzie
- poczytaj .... *(bratanek)* przed snem
- zmień .... *(rybki)* wodę w akwarium

Ćwiczenie 10 `21310`

Proszę uzupełnić.

1. Wszystko udało się *dzięki* / *na przekór* tobie.
2. Zrobił to *wbrew* / *dzięki* niej i bez jej zgody.
3. Jutro rusza proces *wbrew* / *przeciw* niemu.
4. Masz tę pracę tylko *przeciw* / *dzięki* mnie!
5. Kocham moje dziecko i nigdy nie zrobię nic *przeciwko* / *dzięki* niemu.
6. Nie zrobię niczego *wbrew* / *dzięki* tobie, bądź spokojna.
7. *Dzięki* / *przeciwko* niej zrozumiałem, co to znaczy miłość.
8. „I ty, Brutusie, *przeciw* / *na przekór* mnie?" - to ostatnie słowa Juliusza Cezara.

ZADUSZKI

Ćwiczenie 1 `21401`

Gdzie są słowa?

C	M	I	N	Z	N	I	C	Z	A	R
L	A	N	C	M	E	N	T	A	R	Z
O	W	I	E	N	I	E	C	E	R	Y
C	H	A	I	Y	G	R	Ó	B	I	O
K	U	K	R	Z	Y	Ż	K	Y	N	L
C	H	R	Y	Z	A	N	T	E	M	Y
U	K	P	O	M	N	I	K	Y	O	S
S	P	C	A	K	A	P	L	I	C	A
E	A	N	I	O	Ł	G	N	Y	S	D
Z	S	Y	W	R	Z	E	Ź	B	A	L

Ćwiczenie 2 `21402`

Co pasuje?

1. obchodzić
2. zapalać
3. wstawiać kwiaty
4. zamiatać
5. modlić się
6. pamiętać
7. wspominać
8. dekorować
9. kultywować
10. uroczystość
11. święto
12. miejsce
13. grób
14. składać kwiaty

a. za zmarłych
b. o zmarłych
c. liście
d. święta
e. groby
f. świece
g. religijne
h. do wody
i. rodzinny
j. zmarłych
k. pod pomnikiem
l. tradycje
m. pamięci narodowej
n. Wszystkich Świętych

Ćwiczenie 3 ✏ 🎧 73 `21403`

Proszę uporządkować tekst, a następnie posłuchać i skontrolować.

- [1] Cmentarz Salwatorski to niewielka,
- [ ] Kościuszki, przy popularnej wśród krakowian alei
- [ ] miasto, okolice, a przy dobrej pogodzie nawet na tatrzańskie
- [ ] ale ważna nekropolia Krakowa. Położona jest w malowniczym
- [ ] sławnych nazwisk jest długa. Wśród
- [ ] spacerowej. Przepiękne usytuowanie i roztaczająca się stąd panorama na
- [ ] zakątku, niemal u stóp Kopca
- [7] szczyty, sprawiły, że cmentarz stał się miejscem ostatniego
- [ ] najbardziej znanych pisarzy polskich.
- [ ] spoczynku wielu krakowskich artystów, pisarzy, naukowców. Lista
- [ ] nich wyróżnia się nazwisko Stanisława Lema - jednego z

przejmująca = poruszająca nasze uczucia

Ćwiczenie 4 🎧 74 `21404`

Proszę posłuchać i uzupełnić.

Mami: O, ...*jaka*... przejmująca rzeźba! .... chłopiec w szkolnym mundurku, siedzący
w ławce nad otwartą książką. Obok niego ....

Karol: To Chłopiec z „Umarłej klasy".

Mami: Nie rozumiem.

Karol: To .... Tadeusza Kantora - reżysera, scenografa, malarza i plastyka.
Ta .... nawiązuje do jego najważniejszego spektaklu „Umarła klasa".

Mami: Kantor! Twórca .... Cricot 2. Uczyłam się o nim. Czy to jego grób?

Karol: Tak. Jego i jego matki. To właśnie na jej .... artysta ustawił tę rzeźbę.

Ćwiczenie 5 `21405`

Co nie pasuje?

1.	wolno:	a) można	b) da się	c) ~~warto~~
2.	zakazany:	a) zabroniony	b) nakazany	c) niedozwolony
3.	pozwolić:	a) dać możliwość	b) zezwolić	c) zwolnić
4.	pasjonat:	a) protektor	b) miłośnik	c) wielbiciel
5.	zjazd:	a) spotkanie	b) przejazd	c) zgromadzenie się
6.	niezwykły:	a) niesamowity	b) niepowtarzalny	c) nienadzwyczajny
7.	zatłoczony:	a) zajęty	b) pełen ludzi	c) przepełniony
8.	ponury:	a) przygnębiający	b) poważny	c) niewesoły

Ćwiczenie 6 `21406`

Proszę uzupełnić.

A.

> **wszechobecny** ✓**, straszny, niezgoda, zakłamanie, inscenizacja, demonstracja, przewodni**

1. Literaci walczyli z ......*wszechobecną*...... cenzurą.
2. Myślą .... tegorocznego seminarium jest walka z rakiem.
3. Uczniowie przygotowali .... sztuki Mrożka.
4. Strajkom w kopalniach towarzyszyły .... na ulicach.
5. W czasach komunizmu ludzi najbardziej męczyło .... władz.
6. Wczoraj byłam świadkiem wypadku. Pijany kierowca wjechał na kobietę na pasach – to był .... widok.
7. Ta manifestacja to .... na życie w takich warunkach.

B.

> **zagrzewać do walki, mieć coś na tapecie, wolność słowa, coś mi to mówi, wyjść na ulicę** ✓

1. Po ostatnich podwyżkach cen ludzie znów ......*wyszli na ulice*...... .
2. Hasła wolnościowe miały .... cały naród.
3. ...., ale nie pamiętam co.
4. Uczymy się do egzaminu, teraz .... gramatykę historyczną.
5. W wielu krajach ludzie wciąż muszą walczyć o ....

Ćwiczenie 7 `21407`

Proszę uzupełnić przyimek.

1. niezgoda *n a*
2. protest _ _ _ _ c
3. wyreżyserowany _ _ _ e _
4. brać udział _
5. zagrzewać _ _

Ćwiczenie 8 `21408`

Proszę uzupełnić.

rzeczownik	czasownik
demonstracja	*demonstrować*
manifestacja	....
....	protestować
....	rządzić
zakłamanie	....
niezgoda	....
niepokój	....
....	inscenizować
dominacja	....

Ćwiczenie 9  🎧 75 21409

Proszę uzupełnić, a następnie posłuchać i skontrolować.

> **mówiąc** ✓, **solidarności, ze, robotników, przeszłością, rzeczywistości, z, obejrzałem**

Prawdę ....*mówiąc*.... niewiele wiedziałem o polskiej historii. Uczyłem się języka ....
względu na rodzinę żony, ale nie za bardzo interesowałem się .... kraju. To się
zmieniło ostatnio. .... dwa filmy: „Czarny czwartek. Janek Wiśniewski padł"
w reżyserii Antoniego Krauze oraz „Wałęsa. Człowiek z nadziei" Andrzeja Wajdy. Zobaczyłem
fragment peerelowskiej .... Czarne momenty .... grudnia 1970 roku.
Bezwzględność władzy, która każe strzelać do .... Potem zdarzenia z sierpnia 1980, grudnia 1981. Strajki w Stoczni Gdańskiej. Zrozumiałem fenomen siły, która tkwi
w .... ludzkiej.

Ćwiczenie 10 21410

Proszę uzupełnić.

Społeczeństwo najczęściej wyraża swój protest z powodu:

1. ....*braku wolności*.................... (brak + wolność)
2. .... (hipokryzja + władza)
3. .... (ograniczanie + swobody)
4. .... (cenzura)
5. .... (nieprzestrzeganie + prawo)
6. .... (podwyżka + ceny)
7. .... (puste półki) **w sklepach**

Ćwiczenie 12 21412

Proszę skorygować.

1. Bądź uprzejmy wobec **ją**! → ....*niej*....
2. Poszliśmy bez **jego**. → ....
3. To jest od **tobie**. → ....
4. Rozmawialiśmy o **jej**. → ....
5. Według **wami** to prawda? → ....
6. Zimno **ciebie**? → ....
7. Czy to dla **im**? → ....
8. Czekacie na **nami**? → ....

Ćwiczenie 11 21411

Transformacje.

1. Byli przeciwko tym decyzjom.
   → Byli przeciwko ....*nim*.... .
2. Stoję przy dziecku.
   → Stoję przy ....
3. Według ojca powinna to zrobić.
   → Według .... powinna to zrobić.
4. Zrobił to wbrew matce.
   → Zrobił to wbrew ....
5. Będę tam przed tobą i Ewą.
   → Będę tam przed ....
6. Zakochała się w Marcinie.
   → Zakochała się w ....
7. To jest ode mnie i babci.
   → To jest od ....
8. To się zepsuło przez Elę i Basię.
   → To się zepsuło przez ....
9. Nie pójdę bez brata i siostry.
   → Nie pójdę bez ....
10. Pójdziesz z Zosią i ze mną.
    → Pójdziesz z ....

Ćwiczenie 13 21413

O tobie czy o sobie? Proszę uzupełnić.

1. Ewa myślała ......*o niej*...... (o Krysi).
2. Krysia myślała o .... (o Krysi).
3. Jurek i Dorota rozmawiali o .... (o Przemku).
4. Przemek i Beata rozmawiali o .... (o Przemku i Beacie).
5. Karol robił to dla .... (dla rodziców).
6. Karolina robiła to dla .... (dla Karoliny).
7. Ania i Rysiek nie chcieli o tym z .... rozmawiać (z Krysią).
8. Krystyna i Ania nie chciały o tym rozmawiać ze .... (z Krysią i Anią).

Pomyśl o sobie!

Ćwiczenie 14

Proszę uzupełnić (zaimek „siebie").

1. Nie mogę ....*sobie*.... z tym poradzić.
2. Nie rozmawiali ze ....
3. Oni byli szczerzy wobec ....
4. Dziadek zajmował się ...., a dzieci robiły, co chciały.
5. Nie rób niczego wbrew ....
6. Robisz to dla mnie czy dla ....?
7. Byli zakochani w ....
8. Jest skoncentrowany na ....

Ćwiczenie 15

Co pasuje?

1. biorę to na siebie
2. wychodzić z siebie
3. być targanym emocjami
4. czas pokaże
5. inwigilować
6. mam wrażenie
7. wyłącznie
8. dochodzi coś do mnie
9. być skoncentrowanym na sobie

a. bardzo się denerwować
b. szpiegować, śledzić
c. przeżywać silnie różne uczucia
d. jedynie, tylko
e. jestem za to odpowiedzialny, zrobię to
f. zaczynam to rozumieć
g. myśleć głównie o sobie
h. wydaje mi się
i. wszystko wyjaśni się z czasem

Ćwiczenie 16

Proszę uzupełnić, a następnie posłuchać i skontrolować.

Nie powiedziałem ....*im*.... *(oni)* wszystkiego, bo nie chciałem się przed .... *(oni)* tłumaczyć. Ale przed .... *(ty)* nie chcę niczego ukrywać. Zrobiłem coś wbrew .... *(siebie)*. Niech to zostanie między .... *(my)*! Wiesz, ja w czasie demonstracji zostałem aresztowany. Bardzo się bałem o .... *(siebie)*, o .... *(ty)*, o .... *(my)*. Na komisariacie widziałem straszne rzeczy. Kiedy dali .... *(ja)* papier do podpisania i obiecali, że .... *(ja)* wypuszczą, podpisałem. Zrobiłem to dla .... *(ty)*! Nie chciałem, żebyś została sama z dziećmi. Wiem, że teraz masz pretensje do .... *(ja)*, ale przecież .... *(ja)* wtedy martwiłem się o .... *(ty)*! To nieprawda, że jestem agentem. Nie szpieguję nikogo! Nie donoszę na nikogo! Chciałbym, żebyś dalej wierzyła we .... *(ja)*, żebyś wierzyła, że nie zrobiłem nic złego.

Ćwiczenie 17

Proszę uzupełnić (tryb rozkazujący).

1. ....*Kup*.................... *(kupić / ty)* chryzantemy!
2. .... *(chodzić / my)* na cmentarz!
3. .... *(przynieść / wy)* kwiaty i lampki!
4. .... *(pozamiatać / ty)* liście!
5. .... *(umyć / wy)* płytę nagrobną!
6. .... *(zapalić / on)* znicz!
7. .... *(położyć / ty)* kwiaty!
8. .... *(pomodlić się / my)* za zmarłych!

Ćwiczenie 1 (21501)
Proszę dopasować.

1. Jak świętujesz Nowy Rok?
2. Co robisz szóstego stycznia?
3. Od czego zależy termin Wielkanocy?
4. Jakie inne święta związane są z datą Wielkanocy?
5. Czy początek maja jest wolny z powodu świąt kościelnych?
6. Dlaczego 15.08. ludzie pielgrzymują do Częstochowy?
7. Co robisz 1.11.?
8. Do kiedy Polska była w niewoli?
9. Który dzień Bożego Narodzenia lubisz najbardziej?

a. Oczywiście Wigilię.
b. Nie, to są święta narodowe.
c. Oficjalnie do 11.11.1918 r.
d. Otwieram butelkę szampana, bawię się do rana z przyjaciółmi.
e. Od tego, kiedy jest pierwsza wiosenna pełnia księżyca.
f. Ponieważ na Jasnej Górze jest sanktuarium Matki Boskiej.
g. Boże Ciało i Zielone Świątki.
h. Na drzwiach wejściowych piszę kredą inicjały Trzech Króli i aktualny rok.
i. Odwiedzam groby moich bliskich i palę znicze, aby wyrazić swoją pamięć o nich.

Ćwiczenie 2 (21502)
Które słowa nie mają aspektu religijnego?

~~szampan~~, Betlejem, Wszystkich Świętych, Jezus Chrystus, zmartwychwstanie, Kacper+ Melchior+Baltazar, procesja, pochód pierwszomajowy, Wielkanoc, urodziny, Boże Narodzenie, Boże Ciało, Międzynarodowy Dzień Solidarności Ludzi Pracy, modlitwa, Duch Święty, konstytucja, wniebowzięcie, Maryja Panna, Matka Boska, pielgrzymować, Wigilia, sanktuarium, pełnia księżyca, Jasna Góra, niepodległość, cmentarz, PRL, ołtarz

Ćwiczenie 3 (21503)
Co to jest?

1. _Wigilia_
2. p _ _ _ e _ _ a
3. p _ s _ _ _ z
4. _ _ _ p
5. _ _ _ ę _ a
6. ż _ ó _ _ _
7. o _ ł _ _ _ k
8. _ n _ ł
9. _ h _ _ _ k _
10. b _ _ _ _ _ a
11. p _ _ _ _ _ _
12. _ _ _ _ _ z d _

Ćwiczenie 4 (21504)
Co nie pasuje?

1. dar / prezent / ~~kolęda~~
2. gwiazda / księżyc / słońce
3. barszcz / grzybowa / gołąbki
4. opłatek / post / życzenia
5. msza / pasterka / drzewko
6. kompot / ozdoby / bombki
7. potrawa / danie / stół
8. nakrycie / choinka / obrus
9. pasterz / pastuszek / piernik
10. sianko / uszka / pierogi
11. choinka / stajenka / drzewko
12. głos / groch / gołąbki

Ćwiczenie 5 `21505`

Proszę uzupełnić.

> **umyć *V*, chlebem, zrumienić, kapusta, listki, namoczyć, pokroić, angielskie, wino, doprawić**

BIGOS

Grzyby dokładnie umyć i .... Kapustę kiszoną ......*umyć*..., jeśli jest bardzo kwaśna. Obie kapusty drobno .... Włożyć do dużego garnka, wlać trochę wody, dodać śliwki, ... laurowe, ziele ...., ziarna jałowca. Gotować na małym ogniu około godziny. Kiełbasę i mięso pokroić na małe kawałki, ... na patelni. Gdy .... jest już miękka, dodać grzyby, mięso i kiełbasę. Gotować 20 minut. Dodać czerwone .... i gotować jeszcze dwie godziny. Od czasu do czasu mieszać. .... solą i pieprzem. Podawać z .... Bigos jest najlepszy na następny dzień.

Ćwiczenie 6 🎧 77 `21506`

Proszę posłuchać i uzupełnić.

Steve, USA: Od pięciu lat spędzam ......*święta*..... Bożego Narodzenia z rodziną mojej żony w Polsce. Dla mnie największa różnica pomiędzy Polską a Stanami to Wigilia. .... to było coś nowego. I cała „procedura", to znaczy, że ma być 12 ...., a potem kolejność: to musi być pierwsze, a to następne. Osobiście nie przepadam za .... potrawami, szczególnie nie lubię .... Tak naprawdę najbardziej smakuje mi ...., takie specjalne ciasto, które robi ciocia Iza. Wigilię spędzałem oczywiście z rodziną, ale nie było takich .... W Stanach to Boże Narodzenie jest najważniejsze. U nas Wigilia to był czas z .... matki, a Boże Narodzenie z rodziną ojca. Kiedy byliśmy mali, to .... były ważne, nie kolacja. W dodatku były dwa razy! Zawsze wiedzieliśmy, co .... od mamy i babci, ale na następny dzień to były niespodzianki - prezenty od „Świętego ...." . Mój najlepszy prezent? Nie pamiętam, ale pewnie jakiś samochód elektroniczny. Moja rodzina nie jest ...., ale pamiętam, że kiedy miałem 8, 9 lat pojechaliśmy do kościoła, bo był koncert .... W ogóle to w Montanie, tam gdzie mieszkałem, pogoda jest podobna jak tutaj, tylko jest więcej .... Tu ostatnio święta są deszczowe.

Ćwiczenie 7 ✏️ 🎧 78 `21507`

Proszę uzupełnić, a następnie posłuchać i skontrolować.

> **wywodzi się *V*, przywiązuje się, mówi się, zawiesza się, puszcza się, dekoruje się**

Każdego lata - siódmego lipca - Japończycy obchodzą romantyczne Święto Gwiazd (Tanabata). Uroczystość ta ....*wywodzi się*... z legendy o parze zakochanych gwiazd: Prządce i Pasterzu. Zostali oni rozdzieleni i mieszkają teraz po przeciwnych stronach Drogi Mlecznej. Mogą się spotkać tylko jeden raz w roku: siódmego dnia siódmego miesiąca.

W ten dzień .... domy i mieszkania bambusowymi gałązkami, do których .... paski kolorowego papieru z wypisanymi życzeniami. ...., że życzenia powinny mieć formę poematu zapisanego pismem kaligraficznym. Takie życzenia .... na gałązkach w pierwszych dniach lipca, a w dniu święta .... je z nurtem rzeki, żeby mogły się spełnić. Święto Gwiazd jest dniem wyjątkowym, pełnym optymizmu i nadziei na spełnienie życzeń czy marzeń.

Źródło: Biuletyn Informacyjny Ambasady Japonii w Polsce

Ćwiczenie 8 ✏️ 🎧 79 `21508`

Proszę uzupełnić, a następnie posłuchać i skontrolować.

> **obchodzi się *V*, odwiedza się, organizuje się, chodzi się, dostaje się, przebiera się, robi się**

Halloween ...*obchodzi się*... nocą 31 października, czyli przed Dniem Wszystkich Świętych, przede wszystkim w Stanach Zjednoczonych, Kanadzie i Wielkiej Brytanii. Głównym symbolem tego święta jest świecąca dynia z wyszczerzonymi zębami. W Halloween .... za potwory: wampiry, duchy, czarownice, różne postacie telewizyjne i .... pochody przez ulice miast. Popularna zabawa dla dzieci to „cukierek albo psikus" (trick or treat): .... po okolicy i .... sąsiadów. Gdy nie .... cukierka, ... „psikusa". Wiele elementów tej tradycji widzi się w kulturze popularnej, głównie amerykańskiej.

Ćwiczenie 9 🎧 21509

Proszę posłuchać i uzupełnić.

Steve, USA: Jak już mówiłem, moja amerykańska rodzina nie jest ..*religijna*.., więc w Wielkanoc ten aspekt nie jest dla nas ważny. Inaczej niż tutaj, w Polsce. Ale mam wrażenie, że rodzina mojej żony jest bardziej .... niż religijna. Zawsze wspominają swoje święta z .... i chcą, żeby było podobnie „jak u babci". Lubię .... Sobotę, kiedy święcimy pokarmy w kościele.

Co roku jest zamieszanie i to samo pytanie: „do której ksiądz ....?". W kościele razem z moim synem Antonim oglądam .... Pana Jezusa. Dla mnie to egzotyczne, a dla niego interesujące, bo chce zostać strażakiem, a to właśnie miejscowi .... trzymają wartę przy grobie. W Stanach dla dzieci najważniejszy jest ...., który przynosi małe prezenty, np. słodycze. Szukamy też .... czekoladowych i ten zwyczaj chciałem tu wprowadzić, zwłaszcza, że mieszkamy na wsi. Niestety, mój teść źle mnie zrozumiał i wszystkie .... schował pod jednym drzewem. Do dziś to świąteczna anegdota. Jako dziecko oczywiście też malowałem ...., ale nigdy nie farbowałem ich w łupinach cebuli, pierwszy raz widziałem to tutaj. Podobnie jak .... poniedziałek. Bardzo się zdziwiłem parę lat temu, kiedy zostałem kilka razy .... wodą, ale nikt mi nie wyjaśnił, o co chodzi. Teraz mamy rywalizację: kto pierwszy wstanie i zrobi reszcie rodziny ...., ja czy Antek? Na Wielkanoc lubię wszystko, tylko nie zimne nóżki. Sałatka jarzynowa jest super, żurek, kiełbasy i szynki, nawet świeży ...., ale zimne nóżki zdecydowanie nie.

Ćwiczenie 10 21510

Proszę dopasować.

1. odejść na bok
2. ozdoby
3. pokazać
4. charytatywny kiermasz świąteczny
5. dochód
6. wózek inwalidzki
7. podopieczny
8. stoisko
9. zbieg okoliczności

a. „sklep" na kiermaszu lub na targu
b. specjalny fotel na kółkach dla osób, które nie mogą chodzić samodzielnie
c. pójść kilka metrów od środka czegoś, stanąć trochę dalej
d. zademonstrować
e. dekoracje
f. przypadek
g. profit, zysk, zarobek
h. osoba, którą ktoś się opiekuje
i. miejsce, gdzie sprzedaje się różne rzeczy związane ze świętami na cele dobroczynne

Ćwiczenie 11 21511

Proszę uzupełnić.

Właśnie ....*minął*.... rok od tragedii na Broad Peak (8051 m n.p.m.), kiedy to czterej polscy himalaiści .... *(stanąć)* na jego szczycie. Szczyt ten zdobyli w latach 50-tych Austriacy, ale dopiero Polacy .... *(wspiąć się)* na niego zimą. Nie .... *(osiągnąć)* tego ani Kanadyjczycy, ani Włosi! Niestety, podczas zejścia dwaj uczestnicy polskiej wyprawy .... *(zaginąć)*. Prawdopodobnie .... *(poślizgnąć się)* i jeden .... *(pociągnąć)* za sobą drugiego. Po trzech dniach organizatorzy wyprawy .... *(podjąć)* decyzję o uznaniu ich za zmarłych. Poszukiwania ciał .... *(zacząć się)* dopiero pół roku po wypadku. To pechowe miejsce - czterdzieści lat wcześniej w tym samym miejscu .... *(zginąć)* trzech himalaistów z Wrocławia.

54

Ćwiczenie 1 `21601`

Jaki to przypadek?

1.	Wybraliśmy się na <u>Mazury</u>.	*biernik*
2.	Nasi mężowie to <u>pasjonaci</u> zmagań z wiatrem i wodą.	....
3.	Nie muszę zachwalać <u>mazurskich krajobrazów</u>.	....
4.	Można tu posłuchać <u>ciszy</u>.	....
5.	Wiatr przewraca łodzie jak <u>dziecięce zabawki</u>.	....
6.	Tatry wydają się małe w porównaniu z <u>Alpami</u>.	....
7.	Nietrudno tu o <u>wypadek</u>.	....
8.	Droga prowadziła przez otwartą <u>przestrzeń</u>.	....
9.	Nie spodziewaliśmy się tak gwałtownej <u>zmiany</u> pogody.	....
10.	Angela zaciskała zęby <u>z bólu</u>, a Mami wpadła <u>w panikę</u>.	....
11.	Zmęczeni <u>włóczęgą</u> po górach, pojechaliśmy nad ocean.	....
12.	<u>O świcie</u> chcieliśmy jechać do szpitala.	....
13.	W ramach <u>pomocy</u> oferowano mi transport osiołkiem.	....
14.	Zaufałam miejscowej <u>znachorce</u>.	....

Ćwiczenie 2 `21602`

Co to jest?

czasownik	rzeczownik
żeglować	*żegluga*
	żeglowanie
zmagać się	....
....	wynajęcie
....	otoczenie
zachwalać	....
zwiedzać	....
ratować	....
ostrzegać	....

Ćwiczenie 3 `21603`

Proszę podpisać ilustrację, a następnie wyobrazić sobie,
że na każdym podpisanym elemencie siada mewa.
Proszę powiedzieć, gdzie jest mewa?

...*1*.rufa, ...ster, ...maszt, ...żagiel, ...dziób,
......burta, ...bandera, ...żeglarz, ...kajuta, ...lina

Mewa siedzi na rufie.

Ćwiczenie 4 *21604*

Proszę uzupełnić.

> **zdarzyć się, dotrzeć** ✓**, postanowić, ratunek, wyruszyć, niesamowity, gwałtowny**

1. Kiedy *(my)* ......*dotarliśmy*........ do schroniska, było już zupełnie ciemno.
2. Zaraz po eksplozji, ekipa ratowników .... na miejsce wypadku.
3. Czy wiesz, co .... wczoraj w Tatrach?
4. Niestety, nikt nie przyszedł na .... ofiarom katastrofy.
5. Ubiegłej nocy .... wiatr połamał wiele drzew w okolicy.
6. To .... człowiek, wszyscy jesteśmy nim zafascynowani.
7. Czy *(wy)* .... już, co robić? Jakie podjęliście decyzje?

Ćwiczenie 5 *21605*

Proszę uzupełnić.

1. Kiedy ktoś bardzo się boi, mówimy, że _t_ _r_ _z_ _ę_ _s_ _i_ _e_ _s_ _i_ _ę_ ze strachu.
2. Kiedy ktoś boi się wchodzić po stromych schodach, stać na dużych wysokościach, mówimy, że ma __ ę __ __ __ s __ __ o __ c __.
3. Wędrować to inaczej p__ __ e__ __ __ rz__ __ drogę.
4. Wybrać się w podróż to inaczej __ y __ u __ __ y __ w drogę.
5. Gwałtowna zmiana pogody na gorszą to __ __ ł __ m __ __ i __ pogody.
6. Reakcja skóry na silne emocje lub zimno to __ ę__ __ a __ k __ __ k __.
7. Kiedy ktoś przestraszy się bardzo i nie wie, co robić __ p __ d __ w __ __ n __ k __.

Ćwiczenie 6 *21606*

Co nie pasuje?

1. strach: a) *panika* b) ~~*zmęczenie*~~ c) *lęk*
2. wyjtkowo: a) *nieregularnie* b) *bardzo* c) *szczególnie*
3. gęsią skórkę ma się: a) *ze strachu* b) *z gniewu* c) *z zimna*
4. trząść się: a) *z zimna* b) *z bólu* c) *ze strachu*
5. w porównaniu do: a) *w przeciwieństwie do* b) *w stosunku do* c) *porównując*
6. prowiant: a) *jedzenie* b) *żywność* c) *odżywianie*
7. przestrzeń: a) *kosmos* b) *otwarty teren* c) *dużo miejsca*
8. zaciskać zęby: a) *z bólu* b) *z gniewu* c) *z radości*
9. dotrzeć: a) *dojść* b) *dojechać* c) *dokończyć*

Ćwiczenie 7 *21607*

Proszę uzupełnić tabelę (czas przeszły).

	ja - r. m.	ja - r. ż.	my - r. m.	my - r. ż.
usiąść	*usiadłem*			
upaść				
wpaść				
spaść				
trząść się		*trzęsłam się*		*trzęsłyśmy się*

Ćwiczenie 8 `21608`

Proszę napisać porady dla osób wybierających się na górską wycieczkę.

1. Zanim wyruszycie na szlak, *zapoznajcie się* (zapoznać się) z aktualnymi warunkami panującymi w górach!
2. .... (przygotować) sobie prowiant na drogę!
3. Do plecaka .... (spakować) ciepłe rzeczy!
4. Nawet latem .... (pamiętać) o czapkach i rękawiczkach!
5. .... (zabrać) coś na wypadek deszczu!
6. .... (wziąć) ze sobą dobrą mapę!
7. Na wycieczkę .... (iść) wcześnie rano!
8. .... (ubrać się) odpowiednio i .... (włożyć) dobre buty!
9. .... (sprawdzić) tablice informacyjne przy wejściu na szlak!
10. Nie .... (schodzić) ze szlaku!
11. .... (kontrolować) czas!
12. Nie .... (podchodzić) do dzikich zwierząt!
13. Kiedy będziecie szli wąską ścieżką, nie *trzęście się* (trząść się) ze strachu!
14. Kiedy dzieje się coś niebezpiecznego, nie .... (wpadać) w panikę!

Ćwiczenie 9 `81` `21609`

Prawda czy nieprawda?

		P	N
1.	Robiło się coraz zimniej.	v	
2.	Angela była coraz weselsza.		
3.	Uwe nie dawał rady.		
4.	Javier zobaczył niedźwiedzia.		
5.	Mami zapomniała o strachu.		
6.	Zwierzę odeszło w swoją stronę.		
7.	Od strony schroniska nadeszły jelenie.		

Ćwiczenie 10 `21610`

Synonim (=) czy antonim (≠)?

1.	wcześniej	≠	potem
2.	w końcu		wreszcie
3.	później		przedtem
4.	niedawno		przed laty
5.	najpierw		wcześniej
6.	ostatnio		dawno
7.	podczas		w czasie
8.	nagle		wtem

Ćwiczenie 11 `21611`

Proszę uzupełnić.

1. Ewa studiowała *we Wrocławiu* (Wrocław).
2. Moja ciotka mieszka .... (ocean).
3. Jedziecie na weekend .... (Tatry)?
4. Małe dziecko .... (podróż) to często problem.
5. Ostrożnie schodziliśmy .... (szczyt).
6. Kiedy będziesz .... (poczta), kup mi znaczki.
7. Poszli .... (spacer) .... (rzeka).
8. Są .... (spacer) .... (rzeka).
9. Kiedy wracacie .... (urlop)?

Ćwiczenie 12 `21612`

Poprawnie [P] czy błędnie [B]?

1.	po tym, ~~jaki~~	B ...jak...	7.	przed wiele laty	☐ ....
2.	po chwilę	☐	8.	na międzyczasie	☐ ....
3.	za chwilę	☐	9.	za końcu	☐ ....
4.	za kilka lat	☐	10.	po czym	☐ ....
5.	przed lat	☐	11.	po latami	☐ ....
6.	dawniej temu	☐	12.	przez temu czasu	☐ ....

Ćwiczenie 13 21613

Proszę uzupełnić.

przed *V*, **zanim, potem, podczas, ostatnio, najpierw, tymczasem, wreszcie, równocześnie**

1. ......*Przed*...... lekcją proszę wyłączyć telefony.
2. Kiedy .... widziałaś Javiera?
3. .... się zaloguj, a .... wpisz login i hasło.
4. Nie potrafię rozwiązywać zadań i .... słuchać muzyki.
5. Kiedy ta lekcja .... się skończy?
6. Umyj grzyby, a ja .... pokroję włoszczyznę.
7. .... zabawy sylwestrowej wygrałem konkurs na najciekawszy strój.
8. Czy może pan podpisać ten dokument, ... pójdzie pan do domu?

Ćwiczenie 14 21614

Poprawnie [P] czy błędnie [B]?

1. ~~Przedtem~~ podróżą, kup ubezpieczenie.
2. Przez ten czas wycieczki, słuchaj przewodnika.
3. Przed wyjedziesz, sprawdź, czy auto jest sprawne.
4. Spakuj plecak, a ja w międzyczasie zaplanuję trasę.
5. Najpierw żyła sobie dobra królewna.
6. Najpierw naucz się żeglować, a dopiero po jedź na Mazury.
7. Policja przyjechała pięć minut potem wypadku.
8. Szedł tak długo, aż następnie doszedł do schroniska.

[B] ...*Przed*...
☐ ....
☐ ....
☐ ....
☐ ....
☐ ....
☐ ....
☐ ....

Ćwiczenie 15 🖊🎧⁸² 21615

Proszę uzupełnić przyimki, a następnie posłuchać i skontrolować.

Wczoraj ...*po*... południu byłem świadkiem wypadku. Wracałem właśnie .... pracy, miałem zamiar przejść .... skrzyżowanie. Zanim doszedłem .... pasów, zobaczyłem, że .... skrzyżowania zbliżały się trzy pojazdy. .... lewej strony nadjeżdżała ciężarówka, ... prawej jechał rower, a .... dołu samochód osobowy. Nagle .... środek skrzyżowania wbiegło dziecko. Ciężarówka ostro zahamowała, aż .... przyczepy pospadały skrzynki. Samochód osobowy, który .... tym momencie dojechał .... skrzyżowania, nie zdążył się już zatrzymać. Kierowca chciał ominąć dziecko, ale .... prawej miał rowerzystę. Spróbował wykonać jeszcze jeden manewr, wtedy rowerzysta przewrócił się i zablokował mu drogę. Samochód nie miał jak zjechać .... skrzyżowania i uderzył .... słup. Usłyszałem głośny huk i zobaczyłem, że przód auta jest rozbity. Natychmiast zadzwoniłem .... pogotowie i .... policję, i naturalnie pobiegłem .... stronę samochodu. .... szczęście .... chwili zderzenia auto miało już niedużą prędkość, więc kierowcy nic się nie stało. Tylko przerażone dziecko stało .... środku jezdni i płakało.

Ćwiczenie 16 21616

Proszę uzupełnić.

więc *V*, **albo, albo, czyli, jednak, ani, ani, czy, dlatego, niż**

1. Nie uczył się, ...*więc*...... nie zdał egzaminu.
2. .... ona, ... ja! Musisz wybrać!
3. 24 grudnia, ... Wigilia.
4. Zaduszki są drugiego listopada, ... odwiedzamy cmentarze już pierwszego.
5. Ten student nie jest .... najlepszy, ... najsłabszy. Jest przeciętny.
6. Kawa .... herbata?
7. Nie miał doświadczenia, i .... nie dostał tej pracy.
8. Sytuacja była bardziej niebezpieczna, ... sądził.

TROCHĘ HISTORII
Lekcja_17

Ćwiczenie 1 `21701`
Proszę podpisać ilustracje.

> **kartka na żywność** *V* , funkcjonariusze **ZOMO**,
> **przepustka, oddział wojskowy, aresztować, czołg**

1)............................

2)............................

3)............................

4) *kartka na żywność*
....

5)............................

6)............................

Ćwiczenie 2 `21702`
Proszę dopasować.

1. władze administracyjne
2. działacz opozycyjny
3. uzbrojony
4. cenzura
5. aresztować
6. kartki na żywność
7. wkroczyć
8. godzina milicyjna
9. zakaz zmiany miejsca pobytu

a. pozbawić wolności, zatrzymać pod kontrolą policji
b. osoba zaangażowana w działalność opozycyjną
c. wejść
d. kupon, talon na dany produkt
e. ktoś, kto ma broń (pistolet, karabin itd.)
f. zakaz wychodzenia z domów, zwykle od 22.00 do 6.00
g. zakaz wyjeżdżania z miejscowości, gdzie się mieszka
h. np. Urząd Miasta
i. urzędowa kontrola np. publikacji, książek, gazet, filmów pod względem politycznym lub obyczajowym

Ćwiczenie 3 `21703`
Co pasuje?

1. *wyjątkowy / niecodzienny*   Stan wojenny to stan ......*wyjątkowy*...... .
2. *alarmuje się / ogłasza się*   Stan wojenny .... ze względu na bezpieczeństwo państwa.
3. *wprowadzić / zaaplikować*   W czasie stanu wojennego rząd może .... różne restrykcje.
4. *nakazać / zakazać*   Może również .... powszechną mobilizację.
5. *wojskowy / wojenny*   Stan .... w Polsce wprowadzono 13 grudnia 1981 roku.
6. *zawieszony / powieszony*   Stan ten został .... 31 grudnia 1982 roku.
7. *zaniesiono / zniesiono*   .... go 22 lipca 1983 roku.
8. *ograniczenia / granice*   Stan wojenny pociąga za sobą różne .... wolności.
9. *obowiązkowy / obowiązują*   .... wtedy specjalne prawa: godzina policyjna, zakaz zgromadzeń.
10. *rozkaz / zakaz*   Często .... działalności niektórych organizacji.
11. *cenzor / cenzura*   Zwykle .... publikacji, korespondencji, rozmów telefonicznych.

Ćwiczenie 4 21704

Synonim (=) czy antonim (≠)?

1.	rozpocząć ≠	zakończyć
2.	nakaz	rozkaz
3.	obrona	atak
4.	uzbrojony	bezbronny
5.	wkroczyć	wejść
6.	żołnierze	wojsko
7.	nakaz aresztowania	zakaz aresztowania
8.	miejsce pobytu	miejsce zamieszkania
9.	zezwolenie	zakaz
10.	dotychczas	do tej pory
11.	zawiesić działalność	wznowić działalność
12.	konieczność	potrzeba, przymus
13.	skazać	uniewinnić
14.	zastrzelić	zabić kogoś z broni palnej (pistoletu, karabinu)
15.	wydarzenie	zdarzenie

Ćwiczenie 5 21705

Proszę uzupełnić przyimki.

> **bez** *V***, do, od, na, nad, o, do, na, z, za, bez, w, przeciw, do**

1. ...*bez*.. zezwolenia
2. .... zezwoleniem
3. wyjątek ....
4. skazać ....
5. poinformować ....
6. prawo ....
7. .... przepaścią
8. .... odwołania
9. wkroczyć ....
10. niezgoda ....
11. .... zgody
12. działać .... zaskoczenia
13. zbuntować się ....
14. .... przemówieniu

Ćwiczenie 6 21706

Proszę uzupełnić zdania.

> **nie wykonał rozkazu** *V* | **nie można się spotykać w większych grupach** | **nie musi się wstydzić** | **symbolicznego znaczenia** | **nie chciał strzelać do ludzi** | **mogli się tam spotykać** | **zwycięży** | **mało wydajnie, powoli** | **poważne konsekwencje**

1. Marek siedział za odmowę, to znaczy, że był aresztowany, bo ......*nie wykonał rozkazu*........... .
2. Może spokojnie patrzeć ludziom w oczy, to znaczy, że ....
3. Marek posłany do pacyfikacji kopalni opamiętał się, to znaczy, że ....
4. Zakaz zgromadzeń oznacza, że ....
5. Ludzie mogli się zbierać w kościele, to znaczy, że ....
6. Za noszenie znaczka „Solidarności" groziły .... - czyli kary.
7. W ramach protestu robotnicy pracowali jak żółw, to znaczy ....
8. Znak oporu V (Victoria) miał oznaczać, że „Solidarność" ....
9. Wszystkie elementy fotografii - nazwa kina, tytuł filmu, czołg i żołnierze – nabrały ....

Ćwiczenie 7 🎧 83 21707

Kto to mówi? Proszę posłuchać i dopasować tekst do tytułu wspomnień.

[*3*] **Stan wojenny i sanki**   [ ] **Państwo strzela do robotników**   [ ] **Światło pamięci**

[ ] **Na cenzurowanym**   [ ] **Drugi obieg**

Ćwiczenie 8 (21708)

Proszę uzupełnić zdania w czasie przeszłym.

1. Javier znów nie ....*odrobił*........... (odrabiać / odrobić) **pracy domowej.**
2. Mami .... (projektować / zaprojektować) **plakat i** ....
   (wygrywać / wygrać) **konkurs.**
3. Karolina pół nocy .... (gadać / pogadać) **z koleżanką.**
4. Karol wreszcie .... (rozumieć / zrozumieć), **o co chodziło w zadaniu.**
5. Pani Maj raz w miesiącu .... (pisać / napisać) **list do kuzynki.**
6. Ania .... (iść / pójść) **do fryzjera i** .... (zmieniać / zmienić) **fryzurę.**
7. .... (wracać / wrócić) **bardzo zadowolona z nowej fryzury.**
8. Uwe co tydzień .... (sprawdzać / sprawdzić) **stan firmowego konta.**

Ćwiczenie 9 (21709)

Poprawnie [P] czy błędnie [B]?

1. Jadł śniadanie i jednocześnie ~~przeczytał~~ gazetę.   [B] ....*czytał*........
2. Nagle dziecko zaczynało płakać.   [ ] ....
3. W weekendy na ogół gotował tata.   [ ] ....
4. Kiedy babcia zasłabła, natychmiast jej pomagał.   [ ] ....
5. Gdzie kładłaś mój telefon?   [ ] ....
6. Nigdzie nie mógł go znajdować.   [ ] ....
7. Najpierw przepisał tekst, a potem sprawdził błędy.   [ ] ....

Ćwiczenie 10 (21710)

Proszę uzupełnić w trybie rozkazującym.

1. Rodzice, ...*zobaczcie*........, co dostałem!
2. Dzieci, ... już spać, jest późno!
3. Mamo, ... tacie, że wcale nie jest późno!
4. Tato, ... nam bajkę na dobranoc.
5. Mężu, gdzie są moje klucze? .... je proszę!
6. Chłopcy, ... na pytania, a następnie wyślijcie ankietę mailem.
7. Kochanie, nie .... tak często aspiryny!
8. Szanowny Kliencie, ... udział w konkursie.

Ćwiczenie 11 (21711)

Transformacje. Uwaga na aspekt.

1. Nie kładź tego tutaj!   ......*Połóż*...... to tam!
2. Nie mów tak głośno!   .... to cicho.
3. Nie czytaj tego!   .... tamto!
4. Nie bierz tego swetra!   .... tamten!
5. Nie jedz tak szybko!   .... powoli!
6. Nie oglądaj tego filmu!   .... tamten!
7. Nie wysyłaj maila!   .... list!
8. Nie odwiedzaj kolegi!   .... babcię!
9. Przeczytajcie to!   *Nie czytajcie tego!*
10. Napisz ten list!   ....
11. Powtórzmy tę część!   ....
12. Posłuchajcie tej piosenki!   ....
13. Połączmy te elementy!   ....
14. Uzupełnijcie tekst!   ....
15. Dokończcie zadanie!   ....

17

Ćwiczenie 1

Co pasuje?

1. „Czarna owca" to:
   a) <u>osoba źle widziana w grupie</u>　　b) *kryminalista*　　c) *brudas*

2. „Czarny koń" nieoczekiwanie:
   a) *umiera*　　b) *przegrywa*　　c) *wygrywa*

3. „Kura znosząca złote jajka" to inaczej:
   a) *bank*　　b) *biżuteria*　　c) *źródło zysków*

4. „Chodzić spać z kurami" to znaczy:
   a) *późno*　　b) *wcześnie*　　c) *wcale*

5. „Raz kozie śmierć!" - to znaczy:
   a) *zaryzykować*　　b) *być aresztowanym*　　c) *zabić kogoś w czasie wojny*

6. „Kaczka dziennikarska" to:
   a) *nieuczciwa dziennikarka*　　b) *czasopismo dla rolników*　　c) *nieprawdziwa informacja*

7. „Kurze łapki" to inaczej:
   a) *kotlety*　　b) *zmarszczki przy oczach*　　c) *małe stopy*

8. „Psi obowiązek" to:
   a) *przyjemność*　　b) *niemiła konieczność*　　c) *praca ponad siły*

9. Mamy „gęsią skórkę":
   a) *z radości*　　b) *ze strachu*　　c) *ze starości*

10. „Za psie pieniądze" to:
    a) *tanio*　　b) *w promocji*　　c) *drogo*

11. „Kocia muzyka" jest:
    a) *chóralna*　　b) *cicha*　　c) *nie do zniesienia*

12. „Koński ogon" to:
    a) *rodzaj fryzury*　　b) *potrawa*　　c) *być ostatnim*

Ćwiczenie 2

Proszę podkreślić poprawną odpowiedź, a następnie posłuchać i sprawdzić.

Lis był bardzo *syty / <u>głodny</u>*, bo cały dzień *nigdy / nic* nie jadł. Podniósł głowę *na dół / do góry* i spojrzał na drzewo. Na *gałęzi / korzeniu* siedział kruk z kawałkiem sera w *skrzydłach / dziobie*.
Lis *skończył / zaczął* chwalić kruka. -„Jakie masz *piękne / brzydkie* oczy, jakie błyszczące *futro / pióra*!"
Kruk był bardzo *zadowolony / miły* z pochwał. W *końcu / wkrótce* lis zapytał, czy kruk ma *równie / tymczasem* piękny głos. Kruk *otworzył / zamknął* dziób, *że / żeby* zaśpiewać. Ser *wypadł / wpadł* mu z *piór / dzioba*, a lis go porwał i *odleciał / uciekł*. Jaki morał z tej *bajki / zabawy*? „Bywa często zwiedzionym, kto lubi być *chwalonym / hodowanym*".

Ćwiczenie 3 `21803`

Proszę uzupełnić.

Zwierzęta są często bohaterami filmów. W filmie „Uciekające ......*kurczaki*...... *(kurczak)*" głównym
motywem jest wykorzystywanie .... *(kura)* i trzymanie ich w bestialskich warunkach.
Ferma przypomina obóz koncentracyjny, w którym .... *(kura)* są hodowane dla ....
(jajko) i na rosół. Czasami .... *(kura)* próbują uciekać, ale zawsze łapią je .... *(pies)*
właściciela. Przywódczynią .... *(kura)* jest inteligentna i niezależna Ginger, której próby
ucieczki wciąż kończą się niepowodzeniem. Sytuację w .... *(kurnik)* zmienia pojawienie
się na fermie zbiegłego z cyrku .... *(kogut)*. Rocky daje .... *(kura)* nadzieję,
że potrafi latać i że nauczy je tej trudnej sztuki... Wszystkie postaci są świetnie dopracowane,
a prawdziwą perełką są dwa .... *(szczur)* zajmujące się handlem ze zbuntowanymi
.... *(kura)*.

W innym filmie, „Babe", mała świnka marzy, by zostać .... *(pies)* pasterskim. Normalnie
miejsce świnki jest w .... *(chlew)*, ale Babe wychowała się wśród .... *(pies)* i tęskni
za zielonymi .... *(łąka)*. Czy poradzi sobie z .... *(owca)* w czasie konkursu?
.... *(zwierzę)* z farmy pomogą jej urzeczywistnić marzenia.

Ćwiczenie 4 `21804`

Proszę uzupełnić (uwaga na formy).

> **kret** *V*, **kot, kura, myszka, pies, byk, gęś,**
> **wiewiórka, królik, konie, baranek, świnia**

1. ślepy jak ......*kret*......
2. wierny jak ....
3. mieć oczy jak u ....
4. znać się jak .... na pieprzu
5. znać się jak łyse ....
6. łagodny jak ....
7. głupia jak ....
8. pijany jak ....
9. fałszywy jak ....
10. rudy jak ....
11. cichy jak ....
12. działa jak czerwona płachta na ....

Ćwiczenie 5 `21805`

Prawda czy nieprawda?

		P	N
1.	Żyrafa ma ogon.	*V*	___
2.	Foka ma futro.	___	___
3.	Małpa ma dziób.	___	___
4.	Papuga ma skrzydła.	___	___
5.	Lew ma łapy.	___	___
6.	Małpa ma pióra.	___	___
7.	Krokodyl ma zęby.	___	___
8.	Nosorożec ma róg.	___	___
9.	Wąż ma wąsy.	___	___
10.	Tygrys ma pazury.	___	___

Ćwiczenie 6 `21806`

Prawda czy nieprawda?

		P	N
1.	Wielbłądy mogą mieć dwa garby lub jeden.	*V*	___
2.	Nosorożce mają bardzo grubą skórę.	___	___
3.	Tygrysy mieszkają w Azji.	___	___
4.	Słonie to największe zwierzęta lądowe.	___	___
5.	Papugi nie potrafią latać.	___	___
6.	Żyrafy są mięsożerne.	___	___
7.	Foki świetnie pływają.	___	___
8.	Wszystkie węże są jadowite.	___	___
9.	Krokodyle są jajorodne.	___	___

Ćwiczenie 7 `21807`
Proszę uzupełnić.

1. Konie to szlachetne ....*zwierzęta*...... .
2. Ludzie nie lubią być sami, można powiedzieć, że są .... towarzyskimi.
3. Lew jest królem wszystkich ....
4. Jan Brzechwa pisał wiersze dla dzieci o ....
5. W tym hotelu nie akceptują żadnych .... domowych.
6. Ta fundacja od lat dba o psy i inne ....
7. Wolontariusze pomagają bezdomnym .... szukać nowego domu.
8. To zachowanie jest typowe dla dzikich ....
9. Jestem przeciw doświadczeniom na ....
10. Towarzystwo Opieki nad .... musi interweniować, niestety, bardzo często.
11. Czy można bezgranicznie ufać .... domowym, np. psom, że nie zaatakują właściciela?
12. Weterynarz opiekuje się chorymi ....

Ćwiczenie 8 `21808`
Transformacje.

1. Każdy student lubi piwo. → ....*Nieprawda, nie wszyscy studenci lubią piwo*........ .
2. Każda kobieta chce mieć dzieci. → ....
3. Każdy mężczyzna ma prawo jazdy. → ....
4. Każdy polityk jest nieuczciwy. → ....
5. Każde zwierzę jest użyteczne dla człowieka. → ....
6. Każdy komunista był złym człowiekiem. → ....
7. Każda nauczycielka jest cierpliwa. → ....
8. Każde niemowlę ma niebieskie oczy. → ....
9. Każdy bezdomny jest alkoholikiem. → ....
10. Każdy Włoch jest spontaniczny. → ....

Ćwiczenie 9 `21809`
Proszę uzupełnić (uwaga na formy).

> każdy *V*, cały, każdy, cała, żadni, wszystkie, każdy, wszyscy, wszystkie, wszystko

1. Zero koleżeńskich stosunków, ...*każdy*..... tylko patrzy, jak wyciąć jakiś numer.
2. Po dokonaniu .... formalności, dostaliśmy klucze do domku.
3. Lis był bardzo głodny, bo .... dzień nic nie jadł.
4. W życiu .... człowieka są trudne chwile, ale zawsze po burzy wychodzi słońce.
5. I co, będziemy siedzieć .... noc przy ognisku?
6. W dodatku nie spotkałam .... znajomych.
7. Spędzam w tym malowniczym miasteczku .... wolny weekend.
8. Właśnie robię listę .... rzeczy do spakowania.
9. Mniej więcej masz ....
10. Właściwie .... moi przodkowie mieszkali w Krakowie.

Ćwiczenie 10 `21810`
Proszę podpisać ilustracje.

1) .....*byk*......   2) ....   3) ....   4) ....   5) ....

Ćwiczenie 11 `21811`

Co pasuje?

Ludzie tak często wierzą w *horoskopy* / *horoskopach* i *wróżby* / *wróżbach*, bo to pomaga *ich* / *im* zrozumieć *siebie* / *sobie* i innych. Chcą *znać* / *wiedzieć*, co będzie i dlaczego coś *był* / *było*. Fascynują się tym, *co* / *czego* nie można zbadać, co jest ezoteryczne. Przesądy *to* / *są* często tradycje przekazywane z *pokolenia* / *pokoleniem* na pokolenie, charakterystyczne *do* / *dla* danej kultury.

Ćwiczenie 12 `89` `21812`

Proszę posłuchać i uzupełnić.

Karol: *Mami, opowiedz nam coś jeszcze o chińskim ...horoskopie... .*

Mami: *No dobrze. Mówi się, że ludzie urodzeni w roku ....*
zawsze, jak koty, spadają „na cztery łapy", a ci z roku Szczura
muszą uważać, żeby nie wpaść w jakąś ....

Karol: *Czytałem, że zanim Chińczyk podejmie decyzję o ślubie, sprawdza,*
w jakim roku .... się jego przyszła żona.

Mami: *To prawda. Chińczycy bardzo mocno wierzą we wpływ zwierzęcia*
roku na .... danej osoby. Uważa się na przykład, że
kobiety urodzone w roku Konia są nieposłuszne i ....
Od razu mają mniejsze szanse, żeby wyjść za mąż!

Ćwiczenie 13 `90` `21813`

Proszę posłuchać i uzupełnić.

1. **Walki byków:** „Niektórzy ...uważają... to za bezsensowną i okrutną .... dla tłumu polegającą na torturowaniu .... Dla mnie to wyjątkowa tradycja łącząca choreografię, kostium i muzykę."

2. **Schroniska dla zwierząt:** „Raz tylko byłam w takim ...., nie mogłam znieść widoku setki ...., w których oczach widziałam: .... mnie."

3. **Futra naturalne:** „Nigdy nie ubrałabym .... takiego! Są przecież równie piękne ...., nie okupione cierpieniem ...."

4. **Pies przewodnik:** „Jest dla osoby .... cenną pomocą rehabilitacyjną i .... przyjacielem. Pozwala na bezpieczne poruszanie się w ...., poza tym oddziałuje pozytywnie na ...."

5. **Greenpeace:** „Jestem .... międzynarodowej organizacji działającej na rzecz ochrony .... Kiedy ostatnia rzeka zostanie zatruta i .... ostatnia ryba, odkryjemy, że nie można jeść ...."

6. **Cyrk:** „Mamo, jaki wielki ....! O, a na plakacie jest .... z piłką na nosie i .... z otwartą paszczą! Chodźmy tam, proszę, chcę ....!"

7. **Kurze fermy:** „Rzadko .... listy protestacyjne, ale ten temat .... naprawdę zbulwersował. .... trzymane są po kilka sztuk w ciasnych metalowych ...., w których nie mają możliwości ruchu. Nie kupuję też już .... z trójką."

8. **Nie testowane na zwierzętach:** „Zawsze .... na kosmetykach czy środkach ...., czy jest ta informacja. Jeśli nie – dziękuję – nie kupuję. Skoro mam ...., chcę być świadomym i odpowiedzialnym ...."

Kompostowanie

Kwaśne deszcze

OCZYSZCZALNIE ŚCIEKÓW

ŻARÓWKI ENERGOOSZCZĘDNE

ZBIORNIKI NA deszczówkę

NAWOZY I ŚRODKI OCHRONY ROŚLIN

SELEKTYWNA ZBIÓRKA ODPADÓW

Organizmy Modyfikowane Genetycznie

POSYPYWANIE ulic solą

EKOjazda

Ćwiczenie 1 🎧 98 21901

Proszę posłuchać i dopasować teksty do tytułów. Tytułów jest więcej niż wypowiedzi, proszę skomentować pozostałe.

Ćwiczenie 2 21902

Proszę wyjaśnić słowa w ramce, a następnie uzupełnić teksty (uwaga na formy).

> **zużycie** *V*, **popiół, żarówki, łapy, zbiorniki, uzdatniany, ścieki, dwutlek węgla, nawozy, zyskiwać, szkodliwy, posypywanie, rtęć**

1. Ekojazda to styl prowadzenia samochodu, dzięki któremu można obniżyć ....*zużycie*.... paliwa nawet o jedną czwartą. .... też środowisko, bo zmniejsza się ilość .... w powietrzu.

2. Zalecenie Unii Europejskiej w sprawie .... energooszczędnych jest dyskusyjne. Zużywają wprawdzie mniej energii i nie emitują tyle ciepła, ale są droższe, wytwarzają pole elektromagnetyczne oraz zawierają ...., której utylizacja daleka jest od ekologii.

3. Mieszkając we własnym domu zużywamy dosyć dużo wody. Zanim woda do nas trafi, jest .... do picia, a odprowadzenie .... też kosztuje. Warto zainwestować w .... na deszczówkę i do podlewania ogrodu wykorzystywać wodę deszczową. Jest zdrowsza dla ogrodowej flory, no i za darmo!

4. .... i środki ochrony roślin mogą być naturalne, organiczne, mineralne, azotowe. Nadużywanie tych sztucznych może być .... dla środowiska oraz zdrowia ludzi i zwierząt.

5. .... ulic solą to popularna metoda walki ze śniegiem i lodem. Niestety, sól przy okazji niszczy buty, rani psie ...., ma negatywny wpływ na roślinność. Alternatywa to piasek i ....

Ćwiczenie 3 🔌🎧 103 21903

Proszę uporządkować dialog, a następnie posłuchać i skontrolować.

☑ 4 Grzegorz: *Oczywiście, rozumiem, to przecież sezon. Czy oferują państwo też śniadania?*

☐ Łucja: *Gospodarstwo agroturystyczne „Oaza", w czym mogę pomóc?*

☐ Grzegorz: *Świetnie! A jak daleko od państwa pensjonatu jest do wyciągu narciarskiego w Wierchomli Wielkiej?*

☐ Grzegorz: *Dzień dobry. Mówi Grzegorz Maj. Szukam miejsca na weekendowy wypad narciarski dla pięciu osób. Kiedy mają państwo wolne pokoje?*

☐ Łucja: *Na terenie całego pensjonatu działa bezprzewodowy internet.*

☐ Łucja: *Rodzaj wyżywienia zależy od państwa: może być całodzienne lub tylko śniadania, jest też możliwość samodzielnego przygotowywania posiłków w kuchni dla gości.*

☐ Łucja: *Około 3 kilometrów. Przy stacji narciarskiej jest duży bezpłatny parking.*

☐ Grzegorz: *A co z dostępem do sieci?*

☑ 9 Łucja: *Proszę poczekać, sprawdzę. Za dwa tygodnie będę miała 3 wolne pokoje. Niestety, osoba, która będzie sama, musi zapłacić za puste łóżko połowę normalnej ceny.*

Ćwiczenie 4 🔌🎧 104 21904

Jak można dbać o Ziemię? Co pasuje?

A. Izabela, sekretarka: Żeby dbać o <u>środowisko</u> / środowisku nie trzeba dużo. Wystarczy wyłączać *urządzeń / urządzenia*, kiedy *je / ich* już nie używamy, drukować dwustronnie lub na *makulaturze / makulaturę*, zgniatać butelki przed *wyrzucić / wyrzuceniem*, używać *swoich kubków i sztućców / swoje kubki i sztućce* zamiast plastikowych. Ja to robię *automatyczna / automatycznie*, ale większość *moi współpracownicy / moich współpracowników* nie zwraca na to *żadną uwagę / żadnej uwagi*. Nie mogę też patrzeć na *sterty / stertach* opakowań po *jedzeniem / jedzeniu* na wynos!

B. Edmund, grafik: Najchętniej codziennie *jeździłbym / chodziłbym* do pracy rowerem, ale czasem mam spotkania *za / poza* firmą i potrzebuję samochodu. Ale odkryłem, że można być ekologicznym *pasażerem / kierowcą*! Staram się *jeździć / chodzić* płynnie, nie *nosić / wozić* niepotrzebnego bagażu i nie używać zbyt *rzadko / często* klimatyzacji. *Demontuję / Remontuję* bagażnik na rowery, jeśli go nie potrzebuję i *wyłączam / włączam* silnik, jeśli na kogoś czekam. W ten sposób oszczędzam *spaliny / benzynę* i dbam o środowisko. A moje marzenie to auto *elektryczne / eklektyczne*!

Ćwiczenie 5 21905

Proszę uzupełnić (tryb rozkazujący).

......*Żyj*...... (*żyć*) ekologicznie i .... (*oszczędzać*) pieniądze na co dzień! Na początku zimy .... (*zacząć*) od oszczędzania na rachunkach za ciepło. .... (*zamontować*) za kaloryferami specjalne ekrany i .... (*eliminować*) straty energii. .... (*ustawić*) meble przynajmniej 1 metr od grzejnika. .... (*pamiętać*), że obniżenie temperatury o 2 stopnie, to obniżenie kosztów o około 10 procent! Przed wietrzeniem mieszkania .... (*zakręcić*) termostat, ponieważ niektóre typy grzejników w takiej sytuacji automatycznie podnoszą temperaturę. .... (*wymienić*) tradycyjne żarówki na energooszczędne lub diody. .... (*wyłączać*) wszystkie nieużywane w danej chwili lampy. .... (*dokręcać*) krany. .... (*brać*) prysznic zamiast kąpieli. .... (*otwierać*) lodówkę jak najrzadziej i na krótko. Kuchenkę elektryczną .... (*wyłączać*) na kilka minut przed końcem gotowania, a podczas gotowania .... (*używać*) przykrywek do garnków. Do czajnika .... (*wlewać*) tylko tyle wody, ile jest potrzebne. Nie .... (*zostawiać*) urządzeń w trybie „stand-by". Kiedy idziesz na zakupy, ... (*zrobić*) listę potrzebnych produktów. .... (*szukać*) promocji i wyprzedaży, ale nie .... (*kupować*) rzeczy zbędnych tylko dlatego, że cena jest korzystna. I .... (*starać się*) płacić gotówką!

Ćwiczenie 6 `21906`

Proszę rozwiązać krzyżówkę.

1.
2.
3.
4. O S Z C Z Ę D Z A Ć
5.
6.
7.
8.
9.
10.

1. odpady
2. sortowanie
3. karton, pudełko, puszka itp.
4. np.: pieniądze, światło, wodę
5. oddychamy nim
6. przyzwyczajenie
7. czarne źródło energii
8. droga, trasa
9. kiedy nie wolno czegoś robić
10. zanieczyszczenie powietrza

Ćwiczenie 7 `21907`

Transformacje.

1. Możemy wam jakoś pomóc? → *Moglibyśmy* / *Mogłybyśmy* wam jakoś pomóc?
2. Musisz zapytać rodziców. → .... / .... zapytać rodziców.
3. Chcemy mieć pewność. → .... / .... mieć pewność.
4. Może mają jakiś pomysł? → Może .... / .... jakiś pomysł?
5. Mogę zadzwonić później? → .... / .... zadzwonić później.
6. Możliwe, że jutro mam czas. → Możliwe, że jutro .... / .... czas.
7. Muszą jeszcze poczekać. → .... / .... jeszcze poczekać.
8. Naprawdę chcesz mi pomóc? → Naprawdę .... / .... mi pomóc?
9. Możecie o tym pamiętać? → .... / .... o tym pamiętać?

Ćwiczenie 8 `21908`

Proszę uzupełnić.

1. Spóźniliśmy się na spektakl. Portier nie wpuścił nas do teatru.
   Gdybyśmy nie spóźnili się na spektakl, portier wpuściłby nas do teatru .
2. Nie miałam biletu. Zapłaciłam karę.
   ....
3. Zaspałem. Pociąg uciekł mi sprzed nosa.
   ....
4. Myłam głowę w łazience. Nie usłyszałam telefonu.
   ....
5. Nie powtórzyli gramatyki. Oblali test.
   ....
6. Chodziłeś bez czapki. Jesteś chory.
   ....
7. Zgubił dowód osobisty. Ma problemy.
   ....
8. Jest naiwna. Oszukali ją.
   ....
9. Pracuje w korporacji. Nie ma czasu na życie prywatne.
   ....
10. Są zmęczeni. Nie mogą jechać z nami.
    ....

Ćwiczenie 1 `22001`

Proszę uzupełnić.

> rynek *V*, konsumpcja, rynek konsumenta, konsument, kupować, wolny rynek, konsumencki

1. ogólna nazwa wymiany handlowej i stosunków gospodarczych - ....*rynek*................
2. osoba, która kupuje jakieś towary lub usługi to ....
3. .... - oznacza, że producenci muszą się dostosować do życzeń kupujących
4. .... - oznacza, że ceny towarów nie są normowane przez państwo
5. jedzenie czegoś lub kupowanie, użytkowanie - ....
6. odnoszący się do konsumenta - ....
7. „nabywać" to inaczej - ....

Ćwiczenie 2 `22002`

Proszę dopasować zdania.

1.	Typowy Polak	a.	że ma wady.
2.	Przy zakupie komputera	b.	drogie rozrywki.
3.	W supermarkecie czuje się	c.	robi zakupy w sklepie osiedlowym.
4.	Nie cierpi	d.	mimo ich wartości odżywczych.
5.	Akwizytorom	e.	sprzedaży wysyłkowej.
6.	W pierwszej kolejności kupuje	f.	obco, nieswojo.
7.	Zmywarkę uważa za	g.	nie ufa.
8.	Kupując jedzenie szuka	h.	nie ma mowy.
9.	Mrożonki odrzuca	i.	wyrobów krajowych.
10.	O odkładaniu pieniędzy	j.	potrzebuje fachowej pomocy.
11.	Zdaje sobie sprawę,	k.	telewizor i lodówkę.
12.	Preferuje niezbyt	l.	zbędny luksus.

Ćwiczenie 3 `22003`

Proszę zastąpić podkreślone słowa innymi, tak żeby nie zmienić sensu zdania.

1. Paulina urządza mieszkanie za <u>zaoszczędzone</u> / ...*odłożone*...... na ten cel pieniądze.
2. Ania kupuje warzywa i owoce <u>jedynie</u> / .... na targu.
3. Jurek od czasu do czasu <u>chodzi</u> / .... do tej księgarni, bo tam zawsze można kupić coś po okazyjnej cenie.
4. Ela ostrzega, że w galerii pieniądze <u>wydaje się</u> / .... szybko.
5. Iwona siedzenie przed telewizorem <u>uważa za</u> / .... stratę czasu.
6. Dorota <u>wie</u> / ...., że bycie dobrym tłumaczem to sztuka.
7. Magda <u>jedzie</u> / .... do Paryża na bal sylwestrowy.
8. Dyrektor <u>kupił</u> / .... do szkoły nowy sprzęt do sali komputerowej.

Ćwiczenie 4 22004

Jaki to przypadek?

1. odrzucać + ...*biernik*......
2. zależy komuś na + ...
3. troszczyć się o + ...
4. opiekować się + ...

5. unikać + ...
6. uznawać za + ...
7. potrzebować + ...
8. wyposażyć w + ...

Ćwiczenie 5 22005

Co pasuje?

1. minąć bezpowrotnie
2. zapotrzebowanie na
3. wszelkiego rodzaju
4. rosnąć jak grzyby po deszczu
5. wpadać w pułapkę
6. posilić się
7. na znak protestu
8. zbędny
9. sprawunki

a. różnorodne, każdego typu
b. żeby okazać sprzeciw wobec czegoś
c. zakupy
d. skończyć się na zawsze
e. niepotrzebny
f. zwiększać się bardzo szybko
g. znaleźć się w sytuacji bez wyjścia
h. popyt na
i. zjeść coś

Ćwiczenie 6 106 22006

Proszę posłuchać, o jakich problemach mówią teksty, a następnie do każdego dopasować hasło z fotografii.

1.

2.

3. C

Ćwiczenie 7 22007

Proszę opisać położenie sklepów.

1. Drogeria jest obok ......*galanterii skórzanej*...... .
2. Galanteria skórzana jest między .... a ....
3. Cukiernia jest za ...., obok ....
4. Jubiler jest przed ...., koło ....
5. Sklep papierniczy jest nad ....
6. Sklep obuwniczy jest pod ...., obok ....
7. Warzywniak jest koło ....
8. Warzywniak jest na ....
9. Piekarnia jest na ....

Ćwiczenie 8 🎧[111] [22008]

Prawda czy nieprawda?

	P	N
1. Pani Helenka ma dziś dużo do załatwienia.	✓	
2. Jej mąż ma 64 imieniny.		
3. Pani Helenka nie ma pomysłu na prezent.		
4. Jej przydałoby się coś nowego do ubrania.		
5. Pani Helenka będzie piekła tort czekoladowy.		
6. Zrobi babeczki z owocami.		
7. Musi kupić mięso do pieczenia.		
8. Mężowi kupi zegarek.		
9. Wstąpi do apteki.		
10. Wnuczka będzie mieć urodziny za miesiąc.		
11. Pani Helenka ma problem ze spaniem.		
12. Kupi zieloną sałatę.		✓
13. Pójdzie do sklepu obuwniczego.		

Ćwiczenie 9 [22009]

Gdzie kupujemy te towary?

1. masło, sery, wędliny, słodycze
   w sklepie spożywczym
2. balsam do ciała ....
3. powieści, przewodniki, kalendarze
   ....
4. mięso, wędliny ....
5. plastry, lekarstwa ....
6. obrączki, pierścionki, biżuterię
   ....
7. pieczywo, rogale, bułki ....
8. torebki, paski, rękawiczki ....
9. bluzki, spodnie, spódnice ....
10. zegarki, specjalne baterie ....
11. pączki, ciasta ....
12. zeszyty, artykuły szkolne ....
13. groch, kapustę, winogrona ....
14. róże, bukiety ....
15. kozaki, sandały, pantofle ....

Ćwiczenie 10 [22010]

Proszę podpisać ilustracje.

_15._.telewizor, ...suszarka,
.......toster, ...odkurzacz, ...garnki,
.......lodówka, ...kuchenka, ...pralka,
.......ekspres do kawy, ...czajnik,
.......radiomagnetofon / odtwarzacz **CD**,
.......odtwarzacz **DVD**, ...żelazko,
.......robot kuchenny, ...zmywarka,
.......kuchenka mikrofalowa,
.......depilator, ...prostownica

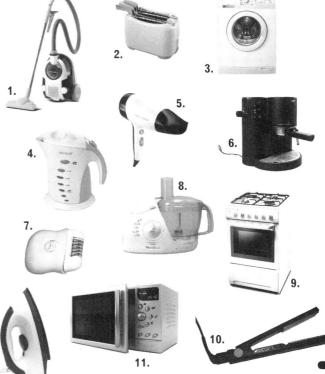

Ćwiczenie 11 `22011`

Proszę skorygować.

1. Nie wiesz, ~~co~~ to zrobił? → ...*kto*...
2. Znasz jakiś punkt usługowy, skąd można to naprawić? → ....
3. Tato, jak długi będziesz jeszcze siedział przed komputerem? → ....
4. Przepraszam, ile jest okres gwarancji? → ....
5. Jak długo malujesz mieszkanie? Raz na dwa lata? → ....
6. Kasiu, gdzie nie przyszłaś do nas wczoraj? → ....
7. Elu, jak długo masz czasu na spłacenie kredytu? → ....
8. Powiedz, jak ci kupić w prezencie? → ....
9. Nie wiesz, gdzie on wrócił? Jest bardzo opalony. → ....
10. Jak typ pralki mi pan poleca? → ....

Ćwiczenie 12 `22012`

Proszę uzupełnić.

1. ......*Telewizor*...... służy do ......*oglądania*...... (oglądać) telewizji, filmów, zdjęć.
2. .... służy do .... (prasować).
3. .... służy do .... (podgrzewać) potraw.
4. .... służy do .... (suszyć) włosów.
5. .... służy do .... (prać).
6. .... służy do .... (gotować).
7. .... służy do .... (odkurzać).
8. .... służy do .... (myć) naczyń.
9. .... służy do .... (parzyć) kawy.
10. .... służy na przykład do .... (miksować).
11. .... służy do .... (chłodzić).
12. .... służy do .... (gotować) wody na herbatę.

Ćwiczenie 13 `22013`

Synonim (=) czy antonim (≠)?

działać	=	funkcjonować	popsuć się	zepsuć się
działać		chodzić	naprawić	zreperować
uszkodzić		zepsuć	włączyć	wyłączyć
uszkodzić		naprawić	zepsuty	zreperowany

Ćwiczenie 14 🎧112 `22014`

Proszę posłuchać i dopasować tekst do fotografii.

1. [ ]   2. [ ]

3. [ ]

4. [ ]
5. [ ]   6. [*e*]

Ćwiczenie 15 `22015`

Proszę dokończyć zdania, używając partykuły „byle".

1. Znowu zjadłeś ......*byle co*...... w mieście, zamiast przyjść na obiad do domu.
2. Zima była tak długa, że wszyscy powtarzali:
....
3. Dlaczego ty wszystko musisz robić tak ....?
4. Jej mąż to nie ....!
Ma wysokie stanowisko i mocne plecy.
5. Przenocujemy ....
6. Nie muszę mieć super hotelu,
....
7. Nie umawiaj się z ....
8. Taka korzystna cena, to ....!

Ćwiczenie 1

Co pasuje?

1. Karol ma świetny nastrój. Jest *uśmiechnięty* / *spięty*.
2. Mami była u fryzjera i jest bardzo ładnie *uczesana* / *umyta*.
3. To słowo jest niejednoznaczne, bo ma *okryty* / *ukryty* sens.
4. Mam nadzieję, że po świętach będziemy *wypoczęte* / *zmęczone*.
5. Te pamiątki zostały *przywiezione* / *przyniesione* aż z Japonii.
6. Przepraszam, ale to miejsce już jest *zajęte* / *wyjęte*.
7. Ten artysta był *rozwiązany* / *związany* z teatrem.
8. Czy dywan jest już *odkurzony* / *wyprasowany*?
9. *Wyprane* / *Umyte* ubrania leżą tam.
10. Wyniki egzaminu będą *nagrodzone* / *ogłoszone* jutro.

Ćwiczenie 2

Transformacje.

1. Na blogu Ewa pisze o książkach, które lubi.
   ....*Na blogu Ewa pisze o lubianych przez siebie książkach*............ .
2. Nie lubię obrazu, który namalował mój szwagier.
   ....
3. Zrobił wywiad z profesorem, którego wszyscy lubią.
   ....
4. Znalazłam czapkę, którą zgubiło jakieś dziecko.
   ....
5. Kupiłam książkę, którą polecał Krzysztof Varga.
   ....
6. Słyszałam o restauracji, którą otworzył prawdziwy Sycylijczyk.
   ....
7. Idę na randkę z chłopakiem, którego poznałam przez Internet.
   ....
8. Odbiorę książki, które zamówiłeś.
   ....
9. Nie lubię pierogów, które robi moja teściowa.
   ....
10. Rozmawiał z kobietą, którą oszukał pracownik banku.
    ....

Ćwiczenie 3 (22103)

Proszę uzupełnić.

1. Na korytarzu najdłużej czekał mężczyzna ze ......*złamaną*........ (*złamać*) nogą.
2. Kiedyś jeszcze wrócimy do tej .... (*nie dokończyć*) rozmowy.
3. Z .... (*uzupełnić*) formularzem proszę iść do okienka obok.
4. W .... (*wydać*) w tym roku tomiku nie ma ostatnich wierszy.
5. Niestety, nie ma pan .... (*wymagać*) wykształcenia.
6. Co zrobisz z .... (*zaoszczędzić*) pieniędzmi?
7. Pokazałam twoje wyniki .... (*zaufać*) lekarzowi.
8. Politycy nie biorą odpowiedzialności za .... (*podejmować*) decyzje.
9. Dużo się czyta o ludziach .... (*zaatakować*) przez nieznanego wirusa.
10. Dziennikarka rozmawia z .... (*pobić*) kierowcą.
11. Widziałam .... (*skończyć*) prezentację, jest świetna!
12. .... (*nie przyjąć*) kandydaci mają drugą szansę we wrześniu.

Ćwiczenie 4 (22104)

Proszę uzupełnić.

1. Polański wyreżyserował ten film. ......*Ten film został wyreżyserowany przez Polańskiego*........ .
2. Mój tata zrobił ten stół. ....
3. Piotrek kupił to biurko. ....
4. Michał ściągnął nowy serial. ....
5. Policja zamknęła groźnego bandytę. ....
6. Łucja odziedziczyła pensjonat. ....
7. Policjant wypytuje świadków. ....
8. Lekarka bada pacjenta. ....
9. Różyczka szpieguje pisarza. ....
10. Dziennikarz opisuje Kraków. ....
11. Wszyscy segregują śmieci. ....
12. Tomek organizuje wypad na narty. ....

Ćwiczenie 5 (22105)

Proszę uzupełnić.

> krępować *V*, Oburzonych, skrępowana, radości, wstydzi, stresujące, wstyd, radosne, oburzające, strach, wstydliwy

1. Proszę się nie ......*krępować*...... . Wiem, że to .... temat, ale jestem lekarzem.
2. Najbardziej .... dla mnie są wystąpienia publiczne.
3. Zostawiłem twoje notatki w tramwaju. Tak mi ...., przepraszam!
4. Boże Narodzenie to bardzo .... i rodzinne święta.
5. Mami w obecności nieznajomych często czuje się ....
6. Jak można wyciąć coś takiego na drzewie! To ....!
7. „Oda do ...." Ludwiga van Beethovena to hymn Unii Europejskiej.
8. W Hiszpanii organizacja „..........................." protestowała przeciw bezrobociu.
9. Zwierzęta, tak jak ludzie, odczuwają .... i inne emocje.
10. Ono ma teraz 3 lata i bardzo się .... obcych ludzi.

Ćwiczenie 6 🎧 (118) (22106)

Proszę posłuchać i uzupełnić.

Spektakl: „*Ogień uczuć*"
Data i godzina spektaklu:

Imię:
Nazwisko: Ostrogórska
Ilość biletów:
Telefon:
E-mail: z_ostrogorska@poczta.pl

Miejscowość:
Płatność:
Kwota:
Rząd:
Miejsca:

Ćwiczenie 7

A. *Proszę uzupełnić.*

> ściągają **✓**, powstrzymać, niewinni, łamią, muzykę, sieci, przestępstwo

Leszek: Na całym świecie ludzie ......*ściągają*.... z Internetu filmy, ..., książki, gry, oprogramowanie. Piractwo to proces, którego nie da się technicznie .... Pozostaje tylko aspekt moralny. Dla wielu użytkowników .... to styl życia, nie chcą pamiętać, że .... prawo. To smutne, że popełniając zbiorowe .... na gigantyczną skalę, czują się ....

B. *Co pasuje?*

Grzegorz: Jestem *muzykiem* / *muzyk*, w sumie *powinnam* / *powinienem* być absolutnie przeciwny nielegalnemu *procederowi* / *procederu* ściągania plików *od* / *z* Internetu, ale tak naprawdę to *czuję się* / *czuję*, że sztuka *powinna* / *powinnam* być dla wszystkich. Że *gdybyśmy* / *jeśli* dostaliśmy jakiś talent za darmo, to może *powinniśmy* / *powinnyśmy* dzielić się naszą twórczością, udostępniać *jej* / *ją* innym.

C. *Proszę zamienić podkreślone wyrażenia na zwroty z ramki (uwaga na formy).*

> **problem ✓, nie zdawać sobie sprawy, mieści się komuś w głowie,**
> **darmowy, normalka, twierdzić, warto, skutek, nadużycie, tłumaczyć**

Wanda: Piractwo internetowe to na pewno <u>zagadnienie</u> / ...*problem*......, o którym <u>powinno się</u> / .... mówić. Niektórzy ludzie <u>nie wiedzą</u> / ...., że korzystając z <u>nieodpłatnych</u> / .... pirackich kopii, popełniają <u>oszustwo</u> / ....
Nie <u>mają pojęcia</u> / ...., że to normalna kradzież. Staram się to <u>wyjaśniać</u> / .... moim dzieciom, ale przyznaję, że nie zawsze z dobrym <u>wynikiem</u> / .... Zwykle słyszę: „Mamo, tak robią wszyscy, to <u>zwyczajne</u> / ....”.
Mąż też <u>mówi</u> / ...., że kijem rzeki nie zawrócę.

D. *Proszę uzupełnić.*

Kamila: Kiedyś książki ...*były*.... *(być)* bardzo kosztowne, tylko .... *(najbogatszy)* mogli .... *(one)* nabywać. Potem ktoś .... *(wymyślić)* biblioteki… Wszystkich .... *(cieszyć)* witryny internetowe typu Wikipedia, wszelkie darmowe .... *(encyklopedia)*, słowniki. Może .... *(powinien)* być też ogólnie dostępne filmoteki i audioteki? Przecież i tak w .... *(sieć)* znajdziemy obszerne fragmenty .... *(darmowy)* audiobooków, filmy oficjalnie udostępniane przez młodych niezależnych .... *(twórca)*. Jeżeli pominiemy aspekt prawny i biznesowy, to .... *(musieć)* przyznać, że dostępność .... *(sztuka)* w Internecie to pewna wartość - bo rośnie liczba .... *(odbiorca)* kultury.

E. *Proszę uzupełnić słowami z obu wierszy.*

Andrzej: Jako student ......*jeździłem na gapę*.......... i oczywiście .... z Internetu. Słuchałem *piratów* z braku pieniędzy, a także z .... do wielu utworów. Dziś zawsze .... i uważam, że kiedy mnie stać, to uczciwiej jest kupić. Łatwiej mi też .... podróży do Londynu czy Berlina kupić płytę, która jest nieosiągalna w Polsce. Ściąganie pozostawiam tym, dla których to .... do muzyki czy dobrej książki.

> **jeździłem ✓, jedyna, przy, kasuję, ściągałem, braku**
>
> **bilety, dostępu, muzykę, okazji, na gapę ✓, droga**

MUZEUM? DLACZEGO NIE!
Lekcja_22

Ćwiczenie 1 `22201`
Proszę uzupełnić.

1. Jego córka chodzi do ....*najlepszego gimnazjum*.... w Krakowie.
2. W .... pracuje jego żona?
3. Leki te trafią do .... oraz szpitala dziecięcego.
4. Kolekcja obrazów Wojciecha Kossaka będzie wystawiana
   w .... w Polsce.
5. Ryby i gady to ich pasja. Mają w domu 3 ....
   i 2 .... - jedno z żółwiami, drugie z wężem.
6. W tych .... matura wypadła najlepiej.
7. W Krakowie zbudowano dwa ....
8. Te badania może pan wykonać w jednym z dwóch ....

> najlepsze gimnazjum *V*,
> różne muzea, dwa licea,
> kilka / hospicjum, terrarium,
> nasze ambulatorium,
> kolejne centrum handlowe,
> ogromne akwarium,
> które laboratorium

Ćwiczenie 2 `22202`
Proszę zamienić na liczbę mnogą.

1. W tym gimnazjum uczył się znany aktor. *W tych gimnazjach uczyli się znani aktorzy* ....
2. W twoim laboratorium pracuje wybitny fachowiec. ....
3. Był problem z wielkim akwarium. ....
4. Jego sklep firmowy ma stoisko w centrum handlowym. ....
   ....
5. Pacjent może liczyć na pomoc hospicjum. ....
6. Skradzione dzieło sztuki pochodzi ze znanego muzeum. ....
   ....

Ćwiczenie 3 `22203`
Proszę uzupełnić tekst.

> obraz, Akademia *V*, abstrakcja, martwa natura,
> portret, pejzaż, autoportret, karykatura, obraz

Mami przygotowuje się do egzaminu na .....*Akademię*.... Sztuk Pięknych. Ostatnio namalowała kilka .... O proszę, tu jest na przykład .... pani Maj. Pani Maj martwiła się, że wyszła na nim trochę staro, ale wszyscy inni stwierdzili, że .... jest bardzo dobry. Tutaj jest .... Karola - ma na niej za wielką głowę, ogromne zęby i krzywy uśmiech. Karol się trochę wściekał, kiedy rodzinka się śmiała, ale w końcu machnął ręką i też się śmiał. Mami próbowała namalować swój ...., ale jakoś jej to nie szło zbyt dobrze, więc zamiast niego namalowała barwną .... Pan Maj długo oglądał to płótno, odwracał na wszystkie strony, ustawiał do góry nogami i próbował dopatrzeć się tam realnych kształtów. Potem stwierdził, że nie przepada za sztuką nowoczesną. Natomiast bardzo podobała mu się ...., która przedstawiała kompozycję z różnych misek, dzbanków, owoców, książek i starego kapelusza. Z kolei Mami była najbardziej dumna z jesiennego ...., który namalowała w czasie wycieczki za miasto.

Ćwiczenie 4 (22204)

Proszę zamienić podkreślone w tekście wyrażenia na zwroty z ramki.

1. To miejsce <u>przyciąga</u> / ....*fascynuje*.... wielu.
2. Ta postać <u>zachwyciła</u> / .... wszystkich czytelników.
3. To było <u>niezwykle</u> / .... oryginalne!
4. To <u>słabe</u> / .... przedstawienie, nie warto iść.
5. Była <u>olśniewająca</u> / ....!
6. <u>Zachwycające</u> / .... dziecko!
7. To <u>średni</u> / .... film.
8. Ten pisarz wciąż <u>zaskakuje</u> / ....

> **fascynuje** ✓,
> **marne,**
> **urocze,**
> **urzekła,**
> **zadziwia,**
> **przeciętny,**
> **niesłychanie,**
> **niezrównana**

Ćwiczenie 5 (22205)

Proszę uzupełnić i napisać, jaki to przypadek?

A.
1. mówić o ...*wartościach*... (wartości) - ...*miejscownik*...
2. jeśli chodzi o .... (ja) - ....
3. bez .... (rewelacje) - ....
4. przemawia do .... (ktoś) - ....
5. był pod .... (wrażenie) - ....
6. dawać do .... (myśleć) - ....
7. jedyny w .... (swój rodzaj) - ....
8. nie do .... (koniec) .... (ja) odpowiada - ....

To był
kiepski film.

B.
1. przyciąga ...*ich*... (oni) uwagę - ...*dopełniacz*...
2. podobało .... (my) się bardzo - ....
3. zadziwia .... (ja) - ....
4. według .... (on) - ....
5. zafascynowało .... (on) - ....
6. urzekło .... (ona) - ....
7. przemawia do .... (ona) - ....
8. zachwyciło .... (oni) - ....

Ćwiczenie 6 (22206)

Co pasuje?

1.	porywająca	a.	kompozycja
2.	arcydzieło	b.	dzieło
3.	niezrównany	c.	malarstwa
4.	mistrzowska	d.	muzyka
5.	wybitne	e.	odbiorca
6.	niesamowite	f.	utalentowany
7.	uważny	g.	artysta
8.	niezwykle	h.	wrażenie

Ćwiczenie 7  (22207)

Proszę posłuchać i uzupełnić.

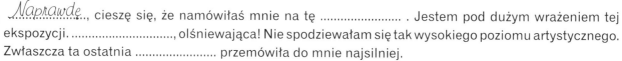

...*Naprawdę*..., cieszę się, że namówiłaś mnie na tę .... Jestem pod dużym wrażeniem tej ekspozycji. ...., olśniewająca! Nie spodziewałam się tak wysokiego poziomu artystycznego. Zwłaszcza ta ostatnia .... przemówiła do mnie najsilniej.

A mnie zdecydowanie nie podobała się ta wystawa. Uważam, że była .... Te prace są naprawdę marne. Ktoś nie umie dobrze malować, więc próbuje zaskakiwać odbiorców. Najbardziej nie lubię słabych ...., którzy udają, że są wybitni.

Sam nie wiem, co o tym myśleć. Z jednej strony .... fajny, ale z drugiej to nic szczególnego. Owszem, wystawa przyciąga uwagę, ale nie zachwyciła mnie żadna z tych prac. Wolę .... sztukę.

22

Ćwiczenie 8

22208

Grupa ludzi ogląda obrazy wystawione na aukcji. Proszę dopasować wypowiedzi poszczególnych osób.
A następnie oznaczyć, co mówi osoba prowadząca aukcję [A], a co uczestnicy aukcji [U].

1. Zafascynowały mnie
2. Czy nie urzeka państwa
3. Fascynujące dzieło, mistrzowska
4. Zupełnie bez wyrazu, nie wiem,
5. Owszem, przyciąga uwagę, ale
6. Proszę zwrócić uwagę
7. Oto praca wybitnego
8. Jestem dumny z kolekcji, którą

a. ta kompozycja?   ....
b. na doskonały rysunek postaci.   ....
c. prace tego artysty. Są znakomite!   ..U..
d. artysty. Proszę zapamiętać to nazwisko.   ....
e. kompozycja. Chciałbym to nabyć!   ....
f. możemy dziś państwu zaprezentować.   ....
g. co artysta miał na myśli.   ....
h. nie powiesiłbym czegoś takiego na ścianie.   ....

Ćwiczenie 9 🎧122

22209

Proszę posłuchać i odpowiedzieć: prawda czy nieprawda?

	P	N
1. To już 3 edycja aukcji charytatywnej.	✓	—
2. Licytowane będą prace uznanych artystów.	—	—
3. Dochód z aukcji przeznaczony jest dla domu dziecka.	—	—
4. Aukcję można będzie śledzić na stronie internetowej.	—	—
5. Na aukcji wystawiono 90 prac.	—	—
6. Pierwszy obraz namalowała ośmioletnia dziewczynka.	—	—
7. Na obrazie jest morze.	—	—
8. Cena wyjściowa obrazu to 120 złotych.	—	—

Ćwiczenie 10

22210

Co to jest?

1. nauka zajmująca się badaniem i opisem starych monet oraz medali to n u m i z m a t y k a
2. gliniane naczynia, rzeźby z gliny to __ e __ __ m__ __ __ __
3. wyroby artystyczne wytwarzane ręcznie - __ ę __ __ d__ __ __ł__
4. dzieło sztuki wykonane np. z drewna, kamienia, brązu przedstawiające jakąś postać, zwierzę, przedmiot lub abstrakcję - __ z __ __ b__
5. rysunek wykonany ołówkiem lub węglem - __ __ k __ __
6. kolekcja przedmiotów związanych z wojskiem - m__ __ __ t __ __i__
7. dziedzina sztuki związana z malowaniem obrazów - __ __ l__ __ __t__ __
8. afisz reklamujący przedstawienie, film, wystawę, koncert itd. - __ l__ __ a__
9. dziedzina sztuki zajmująca się wytwarzaniem przedmiotów codziennego użytku - __ z __ u __ a __ ż__t __ __ w__

Ćwiczenie 11 🎧123

22211

Proszę posłuchać i odpowiedzieć na pytania.

1. Kim z zawodu jest Andrzej Morawski?
2. Gdzie teraz można obejrzeć jego prace?
3. Czy Andrzej uczył się kiedyś sztuki malowania?
4. Jaką specjalizację medyczną ma Andrzej?
5. Ucieczką od czego stało się malowanie?
6. W jakich okolicznościach zirytował się na niego ordynator?
7. Co kupił Andrzej po uwadze ordynatora?
8. Kto doradził mu malowanie farbami na płótnie?
9. Gdzie Andrzej ustawił sztalugi?
10. Kto wysłał obraz na konkurs?
11. Dlaczego Andrzej nie był na własnym wernisażu?

Ćwiczenie 1

Proszę posłuchać i zaznaczyć właściwe odpowiedzi. Nagranie zostanie odtworzone tylko jeden raz!

1. **Ta wypowiedź jest typowa:**
   a) *w banku*
   b) *na poczcie*
   c) *na dworcu*

2. **Ta wypowiedź to:**
   a) *zaproszenie*
   b) *życzenia*
   c) *nagłówek listu*

3. **Ta wypowiedź jest typowa:**
   a) *w kinie*
   b) *w filharmonii*
   c) *w teatrze*

4. **Ta wypowiedź jest typowa:**
   a) *w sądzie*
   b) *na boisku*
   c) *na podwórku*

5. **Ta wypowiedź to:**
   a) *pochwała*
   b) *nagana*
   c) *skarga*

6. **Ta wypowiedź jest typowa dla:**
   a) *studenta*
   b) *ucznia*
   c) *prawnika*

7. **Ta wypowiedź jest typowa dla:**
   a) *wywiadu lekarskiego*
   b) *zawodów sportowych*
   c) *rozmowy kwalifikacyjnej*

8. **Ta wypowiedź to:**
   a) *rozkaz*
   b) *prośba*
   c) *przeprosiny*

9. **Ta wypowiedź jest typowa:**
   a) *w samolocie*
   b) *w kinie*
   c) *w teatrze*

10. **Ta wypowiedź jest typowa dla:**
    a) *rozmowy telefonicznej*
    b) *rozmowy osobistej*
    c) *listu*

11. **Ta wypowiedź jest typowa:**
    a) *w restauracji*
    b) *na ulicy*
    c) *w górach*

12. **Ta wypowiedź jest typowa:**
    a) *na targu*
    b) *w barze*
    c) *na stacji benzynowej*

13. **Ta wypowiedź wyraża:**
    a) *zachwyt*
    b) *oburzenie*
    c) *zniechęcenie*

14. **Ta wypowiedź to:**
    a) *nagana*
    b) *pochwała*
    c) *przeprosiny*

15. **Ta wypowiedź jest typowa:**
    a) *na Wielkanoc*
    b) *na Boże Narodzenie*
    c) *na Nowy Rok*

16. **Ta wypowiedź jest typowa:**
    a) *w górach*
    b) *nad jeziorem*
    c) *w lesie*

17. **Ta wypowiedź to:**
    a) *żal*
    b) *zadowolenie*
    c) *niezadowolenie*

18. **Ta wypowiedź dotyczy:**
    a) *przeszłości*
    b) *teraźniejszości*
    c) *przyszłości*

19. **Ta wypowiedź to:**
    a) *prośba*
    b) *rada*
    c) *przypuszczenie*

20. **Ta wypowiedź wyraża:**
    a) *pewność*
    b) *protest*
    c) *nakaz*

21. **Ta wypowiedź jest typowa:**
    a) *w kinie*
    b) *w banku*
    c) *przy komputerze*

22. **Ta wypowiedź znaczy:**
    a) *świetne!*
    b) *beznadziejne!*
    c) *takie sobie...*

Ćwiczenie 2 🎧 125 22302

Proszę posłuchać i uzupełnić.

1. Jakie ma pan ....*obywatelstwo*....?
2. ...., że się zgodziłam.
3. .... piąty, miejsce siódme i ....
4. Na .... wszedł rezerwowy zawodnik.
5. On jest leniwy, skąpy i ....
6. Na .... są ikonki. Którą przeglądarkę wolisz?
7. Mam .... w kierowaniu zespołem.
8. Czy mogę przeprowadzić z panią ....?
9. Prosimy o .... pasów, złożenie stolików i zapoznanie się z instrukcją ....
10. Wyrazy .... z powodu śmierci pańskiej małżonki.
11. Zejście ze szlaku ....!
12. Proszę zaraz .... i przesiąść się na czwórkę.
13. Co za ....!
14. Postaw .... na grobie, obok kwiatów.
15. A teraz podzielimy się ....
16. Jak daleko do ....?
17. Jeśli wygram, będę walczyć o ...., które sobie postawiłam.
18. Jakie śmieszne ....!
19. .... jechać jednym samochodem.
20. Właściwie .... mi jedno.
21. Nie mam żadnych ....
22. To było zaledwie ....

Ćwiczenie 3 ✏️🎧 126 22303

Proszę wykonać polecenia, a następnie posłuchać i skorygować.

a) *Proszę uzupełnić przyimki.*

Kochani! ...*Za*.... nami kolejny etap nauki, czas .... test. Należy wam się wyjaśnienie, ... czym on będzie polegać. A więc: standardowy test sprawdzający wasze kompetencje językowe powinien składać się .... kilku części.Po pierwsze: rozumienie .... słuchu. Waszym zadaniem jest wybranie lub sformułowanie właściwej odpowiedzi .... pytania .... trakcie nagrania lub .... jego wysłuchaniu. Może to też być zaznaczenie właściwej odpowiedzi albo uzupełnienie brakujących fragmentów tekstu.

b) *Co pasuje?*

Po *dwa / drugie*: gramatyka, *czyli / jeśli* wybranie *lub / ale* utworzenie gramatycznie poprawnej formy *lub / ale* struktury. Po *trzecie / trzeciego*: rozumienie *tekstów / tekstu* pisanych. Zadaniem zdających *są / jest* przeczytanie tekstu, *ani / a* następnie zaznaczenie, *które / którzy* ze zdań to prawda *i / lub* nieprawda, poukładanie fragmentu / fragmentów tekstu w logicznej kolejności *czyli / czy* dopasowanie tekstu do tytułu.

c) *Proszę uzupełnić słowami z obu wierszy ze strony 81.*

Po czwarte: pisanie ...*własnego tekstu*... z zestawów tematycznych do wyboru. Celem jest badanie sprawności pisania, a nie wykazanie się .... Oceniane będą: treść, długość, forma, kompozycja, ..., słownictwo, styl, ortografia i interpunkcja. I na końcu, zwykle tylko na ....: mówienie, czyli kilkuminutowa prezentacja na ...., minidyskusja, komentowanie jakiejś sytuacji, wyrażenie .... czy opisywanie fotografii. Tu będzie oceniana nie tylko poprawność i słownictwo, ale też ...., idiomatyka, wymowa, intonacja. Czy wszystko jasne?

wylosowany, płynność, poprawność, swojej, własnego *V*, wiedzą, egzaminach

gramatyczna, temat, opinii, tekstu *V*, specjalistyczną, certyfikatowych, wypowiedzi

Ćwiczenie 4 22304

Proszę zamienić podkreślone w tekście wyrażenia na zwroty z ramki.

korzenie *V*, przede wszystkim, błędów, nauczycielka, doskonale, dalej,
intuicyjnie, pójdzie mi świetnie, es z kreską, najłatwiejsze, obawiam się

Mam polskie <u>pochodzenie</u> / *korzenie*............., cała rodzina ze strony matki stąd pochodzi. Rozumienie ze słuchu jest dla mnie <u>bardzo proste</u> / ...., bo moja mama mówi <u>płynnie</u> / .... po polsku. Na egzaminie na pewno <u>wszystko mi się uda</u> / ....! <u>Boję się</u> / .... za to pisania, wciąż robię dużo <u>pomyłek</u> / .... Na przykład <u>wciąż</u> / .... nie wiem, kiedy piszemy <u>eś</u> / ...., kiedy si, a kiedy sz, robię to <u>bezwiednie</u> / .... Jako <u>lektorka</u> / .... wiem, że będąc wzrokowcem powinnam <u>głównie</u> / .... więcej czytać po polsku.

Ćwiczenie 5 22305

Proszę uzupełnić.

Jestem ....*Amerykaninem*........ (Amerykanin). Jestem wysoki, mam kręcone włosy i .... (nosić) okulary. Z .... (wykształcenie) jestem .... (historyk), ... (pisać) pracę o .... (upadek) komunizmu w .... (Europa Środkowa). Interesuję się nie tylko .... (historia), ale także bieżącą .... (sytuacja) polityczną na .... (świat). Kocham .... (natura), fotografowanie przyrody jest .... (moja druga pasja). Marzę o .... (własny dom) z dużym ogrodem. A .... (co) nie lubię? Nie .... (znosić) gotowanej .... (marchewka).

Ćwiczenie 6 22306

Jaki to przypadek?

1. Tom leciał <u>z USA do Krakowa</u> przez Londyn. ....*dopełniacz*.........
2. <u>Lot</u> był męczący i <u>Tom</u> szybko zasnął. ....
3. Obok <u>niego</u> siedziała dziewczyna. ....
4. Jej długopis spadł pod <u>fotel</u> Toma. ....
5. Obudziła <u>Toma</u> i poprosiła, żeby schylił się po <u>ten długopis</u>. ....
6. Tom nie zrozumiał <u>jej</u>, bo pytała po polsku. ....
7. Powtórzyła <u>mu</u> to samo po angielsku. ....
8. Tom schylił się po długopis, ale <u>go</u> nie znalazł. ....
9. Zaczęli rozmawiać o <u>tym</u>, dlaczego Tom leci do Polski. ....
10. Odpowiedział, że będzie chodzić na kurs <u>polskiego</u>. ....
11. Powiedział też, że na początku chciał jechać nad <u>morze</u>. ....
12. Wybrał Kraków i wcale <u>tego</u> nie żałuje. ....

Ćwiczenie 7 · 22307

Proszę uzupełnić.

1. Jak on ......*mógł*........ (*móc*) mi to zrobić?!
2. Ewa poprosiła Ulę, żeby .... (*wyjść*).
3. Tu będzie .... (*oceniać*) również płynność wypowiedzi.
4. Puszki zostały .... (*dorzucić*) do śmieci w krzakach.
5. Wczoraj .... (*ty / r.ż. / wejść*) bez pukania, tak nie można.
6. .... (*odejść*) ode mnie!
7. Wystawa została .... (*otworzyć*) w październiku.
8. Mój tata tydzień temu .... (*wyjć*) ze szpitala.
9. Angela .... (*ściągnąć*) ten film chyba rok temu.
10. Czy Iwona już mówiła wam, żebyście .... (*przyjść / r. m.*) wcześniej?
11. Za tydzień oni .... (*pojechać*) na urlop.
12. Mami .... (*przesiąść się*) na metro.

Ćwiczenie 8 · 22308

Proszę dopasować.

jak u pana Boga — lód
zakochał się po — krótkie nogi
spaść z — gapę
zimny jak — za piecem
mieć powyżej — deszczu
kłamstwo ma — kciuki
pod gołym — same uszy
rosnąć jak grzyby po — uszu
jeździć na — niebem
trzymać — nieba

Ćwiczenie 9 · 22309

Proszę uzupełnić.

1. Dzięki Karolu, że ...*mnie*... (*ja*) zaprosiłeś na to oglądanie.
2. Wpadaj do .... (*my*) częściej, zawsze mogę ściągnąć coś fajnego.
3. A .... (*ja*) to irytuje, że już się prawie nie chodzi do kina.
4. Czy .... (*wy*) to nie irytuje?
5. Słyszałyście o .... (*oni*)?
6. Czy dobrze .... (*oni*) znasz?
7. Dla .... (*ja*) to nie brzmi dobrze.
8. Widocznie dla .... (*oni*) tak jest lepiej.
9. Scenariusz też był napisany przez .... (*oni*).
10. Fajnie był zagrany, muzyka też .... (*ja*) się podobała.
11. Głos tego aktora kogoś .... (*ja*) przypominał.
12. Mówiłam .... (*wy*) już o tym?

Ćwiczenie 10 ✏️ 🎧 127 · 22310

Proszę uzupełnić słowami z obu wierszy.

Rodzice zawsze mi powtarzali, że  *nie uczę się dla ocen* tylko .... Kiedy przynosiłem piątkę mama mnie chwaliła, a tata mówił: „Moja krew! Ja w szkole miałem ....!". Kiedy udało mi się dostać pierwszą szóstkę, rodzice .... i byli bardzo dumni. Mówili, że jestem zdolny, ale muszę dużo pracować, bo talent to nie wszystko. Czasami dostawałem czwórki z plusem lub tylko czwórki i to było ....: „Dobrze, a ile było piątek w klasie?". Albo: „A co dostał Patryk?". Patryk był moim najlepszym ...., zresztą sąsiadem również, bo mieszkał obok nas. Razem też dostaliśmy jedynki z historii. O, było słychać przez ścianę, że jego rodzice, tak samo jak moi, nie są zadowoleni... Obaj mieliśmy wtedy .... Potem, już w liceum, nie uczyłem się za dobrze. Często miałem oceny dostateczne, piątka to był jakiś wyjątek. Ojciec mówił: „Co za leń!", a mama milczała i .... z dezaprobatą. W końcu uczyłem się dla siebie, tak? Po latach, kiedy już byłem doktorem na uczelni, robiłem porządek w dokumentach rodziców. Znalazłem ich .... I wiecie co? Oni też uczyli się dla siebie: .... prawie same tróje!

> szlaban, same, komentowane, kręciła, nie uczę się ✓, szkolne, wzięli mnie, dla, z góry, szkolnym
>
> piątki, na dół, przyjacielem, siebie, na telewizję, dla ocen ✓, świadectwa, krótko, głową, na lody

Lekcja_01

1
TWARZ: chuda, owalna, okrągła, podłużna, piegowata;
WŁOSY: siwe, krótkie i proste, rude, długie i kręcone, z grzywką, blond, gęste, farbowane
OCZY: szare, piwne, duże, zielone, skośne
USZY: odstające
NOS: zadarty, prosty, duży, krzywy
USTA: pełne, kształtne
CZOŁO: wysokie, niskie
SYLWETKA: wysoki, otyły, niski, średniego wzrostu, gruby, mocnej budowy, zgrabny, szczupły, nadwaga

2
1. zapominalski; 2. niepunktualny; 3. systematyczny; 4. spontaniczny; 5. nerwowy; 6. zdolny 7. energiczny; 8. nieśmiały; 9. leniwy; 10. wesoły

3
1. N; 2. P; 3. N; 4. P; 5. P; 6. N; 7. N; 8. P

4
D: zadać; D: zawodu; P: gabinet; P: zęby; D: cechy; P: zalety, wady; D: rodzinie; P: syna, chłopiec;
D: spędza; P: Pomagam, bawię się, po; P: pasjonowałem się, na, w; D: marzenia

5
1. Wdowiec to mężczyzna, którego żona już nie żyje.; 2. Rodzeństwo to brat i siostra.; 3. Kawaler to mężczyzna, który nie ma żony.; 4. Bliźniak to osoba, która ma brata lub siostrę urodzonych w tym samym dniu.; 5. Jedynak to osoba, która nie ma brata ani siostry.; 6. Panna to osoba, która nie ma męża.

6
Przykładowe odpowiedzi: 1. Uwielbiam gorącą czekoladę.; 2. Nie znoszę gotowanego szpinaku.; 3. Mój syn pasjonuje się żeglarstwem.; 4. Andrzej kieruje dużą firmą budowlaną.; 5. Przepadam za lodami waniliowymi.; 6. Agnieszka zaraziła się grypą od swojej sąsiadki.; 7. Kto w państwa firmie zajmuje się marketingiem?; 8. Niestety, nie radzę sobie z problemami rodzinnymi.; 9. Przez najbliższe dwa tygodnie będę się opiekować psem sąsiada.; 10. Prowadzisz samochód jak zawodowy kierowca.; 11. Bardzo stresuję się egzaminem z matematyki.

7
Przykładowe odpowiedzi: 1. długopisem, piórem, ołówkiem; 2. łyżką, łyżeczką, widelcem, nożem; 3. szczotką, grzebieniem; 4. samochodem, taksówką, autobusem, rowerem, tramwajem, pociągiem, metrem; 5. masłem, margaryną, nutellą; 6. domem, dziećmi, finansami, marketingiem; 7. pracą, szkołą, egzaminem, różnymi problemami; 8. życiem, wakacjami, pogodą, spotkaniem

8
1. Jaką dziewczyną jest Olga?; 2. Jakim chłopcem jest Szymon?; 3. Czym zwykle jeździ ojciec?; 4. Z czym mama pije kawę?; 5. Z kim mamy lekcję?; 6. Przed czym / Gdzie stoi auto?; 7. Kim interesuje się Rafał?; 8. Którędy idzie turysta?; 9. Pod czym / Gdzie śpi pies?; 10. Kiedy przyjedziesz na kurs?

9
ilustracje: a) mydło; b) balsam do ciała; c) łyżka i widelec; d) mop; e) nożyczki do paznokci; f) szminka do ust; g) krem do rąk; h) maszynka do golenia; i) ręcznik; j) pasta i szczoteczka do zębów

1. łyżką i widelcem; 2. pastą i szczoteczką do zębów; 3. wodą i mydłem; 4. ręcznikiem; 5. balsamem do ciała; 6. kremem do rąk. 7. szminką do ust; 8. maszynką do golenia; 9. mopem; 10. nożyczkami do paznokci

10
1. z nauczycielami; 2. pociągiem; 3. autobusem; 4. klockami; 5. z psem; 6. z pieniędzmi; 7. czarnym pisakiem; 8. tą dziewczyną; 9. kierownikiem; 10. z chorą babcią

11
1. z; 2. pod; 3. za; 4. przed; 5. między; 6. poza; 7. ze; 8. nad

12
mną, tobą, nim, nią, nim, nami, wami, nimi, nimi

13
1. wami; 2. tobą; 3. nami; 4. nimi; 5. nim; 6. mną; 7. nim; 8. nimi; 9. nią

Lekcja_02

1
A.
N: czasu; F: ochoty, mnie, kremu; N: mojego kremu, radia, słońca; N: upałów, życia, słońca, ciepła
B.
1. Jaka; 2. Ile; 3. Czego; 4. Co; 5. Gdzie; 6. Dlaczego; 7. Czego; 8. Czy; 9. Kiedy

2
trzęsienie ziemi, powódź, huragan, susza, pożar, lawina, wybuch wulkanu, tsunami

3
1d; 2g; 3a; 4f; 5b; 6h; 7e; 8c

4
1. N; 2. P; 3. P; 4. N; 5. N; 6. N; 7. P; 8. P; 9. P

5
1. drogich kosmetyków; 2. twoich kłamstw; 3. porady lekarskiej; 4. pieniędzy; 5. mojego dziecka; 6. wyniku egzaminu; 7. jakiejś dobrej płyty; 8. udanego wyjazdu; 9. tamtej niewykorzystanej okazji; 10. języka niemieckiego; 11. żadnych nowych rzeczy; 12. nic/niczego ciekawego

6
1. Mami boi się szczurów, pająków, węży, psów i krokodyli.; 2. Javier szuka rękawiczek, komórki, kluczy, portfela, okularów przeciwsłonecznych, toalety.; 3. Angela potrzebuje aparatu fotograficznego, torby, budzika, roweru, wieszaka na ubrania/sukienki/bluzki.; 4. Uwe używa laptopa/komputera, karty kredytowej, słownika, notesu i długopisu, drukarki.

Lekcja_02 (prawa kolumna)

7
dwóch; trzech; czterech; pięciu; sześciu; siedmiu; ośmiu; dziewięciu; dziesięciu; dwunastu; piętnastu; dwudziestu

8
1. było; 2. będzie; 3. są; 4. było; 5. były; 6. jest; 7. było; 8. będzie

9
1. dwa, jedno; 2. dwunastu; 3. dwudziestu czterech; 4. pięcioro; 5. dwie, jednego; 6. dwóch; 7. pięć; 8. trzech, jedną; 9. sześciu; 10. dziesięć

10
1. wielu→wiele; 2. kilka→kilku; 3. kilkoro→kilka; 4. ilu→ile; 5. wiele→wielu; 6. kilka→kilkoro; 7. wiele→wielu; 8. ile→ilu; 9. wielu→wiele; 10. kilka→kilku

11
1. Nocowałam u koleżanki.; 2. Ewa mieszka wśród obcych ludzi.; 3. Lubię wszystko oprócz brukselki.; 4. Rafał stoi obok kiosku.; 5. Kupiłam dla ciebie prezent.; 6. Chodzę tam tylko od czasu do czasu.; 7. To jest produkt z Niemiec.; 8. Spotkali się podczas konferencji.

Lekcja_03

1
na; do; w; w; u; z; od; w; na; w; w; u; w; do; na; na; do; na; na; do; na; od; na; z; w; na; we

2
1. którą; 2. ósmą; 3. szóstą; 4. siódmej; 5. ósmej; 6. ósmą; 7. siódmą, ósmą; 8. siódmej; 9. osiemnastą; 10. siedemnastej

3
1. kasa; 2. dubbingowany; 3. z napisami; 4. klimatyzacja; 5. ekran; 6. rząd; 7. recenzja; 8. sala; 9. seans; 10. ulgowy; 11. miejsce

4
1. kasie; 2. seans; 3. recenzje; 4. ulgowy; 5. Rząd, miejsce; 6. dubbingowany, z napisami; 7. sali, klimatyzacji; 8. ekran

5
A: Kino „Relax" słucham?
B: Dzień dobry. Mam pytanie. Czy osoba niepełnosprawna może bez problemu dostać się do sali kinowej?
A: Oczywiście, w budynku znajduje się winda.
B: W takim razie proszę dwa bilety, w tym jeden ulgowy. Czy jest zniżka dla opiekuna?
A: Niestety, nie ma. Musi pan kupić bilet normalny.
B: Do której godziny muszę odebrać bilety?
A: Rezerwacja automatycznie wygasa 30 minut przed seansem.

6
1f; 2g; 3d; 4a; 5c; 6e; 7b

7
W: dobry; zarezerwować; K: kiedy; W: sobotę; K: rząd; W: miejsca; K: brzegu; W: odebrać; K: wygasa; seansem

8
A. premiera; podstawie; powieści; adaptację; reżysera; fanów
B. tytułem; aktorów; bohaterów; spojrzenie; nagród; festiwalach
C. kultowy; kamery; obsada; arcydzieło; komedia
D. rolę; wcielił się; rozgrywa się; przebój; widzów

9
mi/mnie; ci/tobie; mu/niemu/jemu; jej/niej; nam; wam; im/nim

10
1. Życzymy im, żeby byli szczęśliwi.; 2. Mama zawsze życzy mi, żebym była zdrowa.; 3. Życzę ci, żebyś był wesoły i uśmiechnięty.; 4. Stefan życzy mu, żeby miał dużo przyjaciół. 5. Babcia życzy jej, żeby lubiła szkołę.; 6. Oni życzą nam, żebyśmy mogli pojechać do USA.; 7. Szef życzy wam, żebyście szybko weszli na rynek.; 8. Koleżanka życzy im, żeby nie jadły za dużo.; 9. Tata życzy mu, żeby myślało nie tylko o sobie.; 10. Życzę im, żeby poszli na studia.

Lekcja_04

1
imiona; plemiona; rodziny; domy; strony; kobiety; dzieci; konie; rzeki; puszcze; dni; tygodnie; miesiące; namioty; jeziora; ryby; lasy; zwierzęta; pola; znaki; dźwięki; głowy; pisklęta; skrzydła; osiedla; drzewa; polany; miasta; wsie

2
1. Bl; 2. P; 3. N; 4. N; 5. P; 6. P; 7. N; 8. P; 9. P; 10. Bl; 11. Bl; 12. N

3
1. Malarze sprzedali obrazy.; 2. Recenzenci nie oglądali tych filmów.; 3. Działacze fundacji zebrali fundusze.; 4. Konsumenci poszli do sądów.; 5. Materialiści mieli dużo pieniędzy.; 6. Stoczniowcy budują statki.; 7. Kasjerzy zgubili dokumenty.; 8. Tylko okuliści mogli zbadać oczy.; 9. Przebierańcy mieli fajne kostiumy.; 10. Harcerze zjedli kotlety i sałatki.

4
1. premierzy; 2. poeci; 3. królowie; 4. turyści; 5. dziadkowie; 6. lektorzy; 7. kierownicy; 8. egoiści; 9. filolodzy; 10. szefowie; 11. robotnicy; 12. przyjaciele; 13. kowboje; 14. politycy; 15. kompozytorzy; 16. architekci; 17. tancerze; 18. listonosze; 19. optymiści; 20. faceci

5
1. Morderca siedzi już w areszcie.; 2. Pracownik szkoły zawiadomił prokuraturę.; 3. Szantażysta czeka na proces.; 4. Węgier ma nowy podatek.; 5. Turysta zaplanował wycieczkę.; 6. Krakowianin ma dość smogu.; 7. Bogacz zapłaci więcej.; 8. Opozycjonista to chuligan.; 9. Izraelczyk kupił ten bank.; 10. Showman zrobił reklamę.

6
zawód; listonosze; mężczyźni; kwalifikacji; języków; studia; torby; emerytów; odpowiedzialna; godziny; zaleta

7
Tragedia w górach: czterej; himalaiści; Austriacy; Polacy; Kanadyjczycy; Hiszpanie; Włosi; dwaj; uczestnicy; organizatorzy; lekarze; wspinacze

Bieg Piastów: zawodowcy; amatorzy; narciarze; zwycięzcy; Czesi; Niemcy; Polacy; biegacze

Niezwykłe konklawe: Włosi; Niemcy; Amerykanie; elektorzy; pielgrzymi; Argentyńczycy; mieszkańcy; katolicy

8 1. Korsykanie; 2. Sycylijczycy; 3. Meksykanie; 4. Holendrzy; 5. Estończycy; 6. Sybiracy; 7. Prusacy; 8. Czeczeńcy; 9. Kurdowie; 10. Metysi; 11. Żydzi; 12. Murzyni; 13. Arabowie

9 1. Belgowie; 2. Bułgarzy; 3. Portugalczycy; 4. Włosi; 5. Hiszpanie; 6. Austriacy

10 1. boisku; 2. przeciwnicy; 3. bramkarz; 4. remis; 5. mecz, sędziowie; 6. połowa; 7. drużynie; zawodników

11 1. kolarstwo; 2. koszykówka; 3. piłka nożna; 4. narciarstwo; 5. siatkówka; 6. piłka ręczna; 7. lekkoatletyka

12 1. zjazd; 2. łyżwy; 3. rękawice; 4. rakieta; 5. kij; 6. sanki; 7. kijki; 8. drużyna; 9. kosz; 10. wyścig; 11. sanki; 12. boisko

13 Tenis; uprawiać; siatka; setów; lodzie; Zawodnicy; kaski; krążek; walki; walczy; rękawice

14 1. Czterej; 2. Dwaj; 3. Trzech; 4. Trzej; 5. Dwaj; 6. Czterej; 7. dwaj; 8. Trzech; 9. Trzej; 10. Dwaj

Lekcja_ **05**

1 1. Małomówny to osoba, która nie lubi za wiele mówić.; 2. Pogodny to ktoś, kto się uśmiecha i ma zwykle radosne usposobienie.; 3. Wścibski to osoba, która za bardzo interesuje się życiem innych ludzi.; 4. Uczynny to ktoś, kto chętnie pomaga innym.; 5. Arogancki to osoba, która zachowuje się bezczelnie.; 6. Egoista to ktoś, kto myśli tylko o sobie.; 7. Zdolny to znaczy utalentowany, czyli ktoś kto ma talent.; 8. Towarzyski to osoba, która chętnie spędza czas z innymi ludźmi.

2 1. którą; 2. kto; 3. której; 4. kto; 5. który; 6. kim; 7. której; 8. którego; 9. kogo; 10. kto

3 wesołe; ufne; gadatliwe

4 A
1. Ktoś, kto zna polski.; 2. Ktoś, kogo nie znam.; 3. Ktoś, kogo bardzo lubię.; 4. Ktoś, o kim myślę.; 5. Ktoś, z kim mieszkam.; 6. Ktoś, komu ufam.
B
1. Coś, co lubię.; 2. Coś, czym się bardzo interesuję.; 3. Coś, co kupiłam dla ciebie.; 4. Coś, czemu się przyglądam.; 5. Coś, o czym marzę.; 6. Coś, czego szukam.

5 1. To ktoś, na kim można polegać.; 2. To jest ktoś, dla kogo chętnie to zrobię.; 3. To ktoś, o kim ci opowiadałem.; 4. To coś, co kupiłem wczoraj.; 5. To jest coś, czego słuchałem.; 6. To jest ktoś, kto wygrał konkurs.; 7. To jest ktoś, komu chętnie pomagam.; 8. To jest ktoś, kogo się boję.

6 Przykładowa odpowiedź:
Pani Ela jest starszą osobą, to pogodna kobieta, uśmiechnięta; ciepła, serdeczna. Zawsze można do niej wpaść na herbatkę, bo jest bardzo gościnna. Robi przepyszne ciasto, jest znakomitą gospodynią. Lubi rozmawiać z ludźmi, ale nie jest gadatliwa. To ktoś, kto umie słuchać innych. To osoba, na którą zawsze można liczyć. Pomagała mi, kiedy Karolinka była chora.

Pan Robert to sąsiad z parteru. Kulturalny, grzeczny, uczynny. Pomógł mi kiedyś wnieść ciężkie zakupy. Pan Robert jest człowiekiem/osobą, który/która nie lubi mówić za dużo, jest nieśmiały w kontaktach z ludźmi, ale potrafi być zdecydowany i odważny.

Nie lubię mówić o pani Joli, bo jest wścibska i gadatliwa. Ja nie lubię takich ludzi. To osoba, która uważa, że wszystko wie najlepiej i na wszystkim się zna. Według mnie to zarozumiała i antypatyczna osoba.

Pan Piotr to młody człowiek, który mieszka obok. Myślę, że jest jeszcze studentem Jest roztrzepaną osobą. Roztrzepany to ktoś, kto/człowiek, który/osoba, która często gubi różne rzeczy albo ich zapomina. Pan Piotr to człowiek, który doskonale zna się na komputerach. Już dwa razy naprawił mój laptop.

7 1. Jacy są twoi bracia?; 2. Dobrzy nauczyciele są cierpliwi.; 3. Ci fachowcy są bardzo starzy.; 4. Tacy mali, a tacy szybcy!; 5. Którzy studenci piszą egzaminy?; 6. Tamci chirurdzy są najlepsi.; 7. Ci sportowcy byli pierwsi.; 8. Ci Holendrzy byli drudzy.; 9. Czyi synowie zorganizowali te spotkania?; 10. Moi dziadkowie lubili podróżować.; 11. Twoi profesorowie są wymagający.; 12. Nasi lekarze są sympatyczni.; 13. Wasi wujkowie są skąpi.

8 1. chudzi; 2. szczupli; 3. otwarci; 4. zamknięci; 5. młodzi; 6. starzy; 7. towarzyscy; 8. aroganccy; 9. mili; 10. pracowici; 11. początkujący; 12. bogaci

9 1. Studenci byli dobrze zorganizowani.; 2. Sąsiedzi byli mokrzy od deszczu i źli.; 3. Bracia byli bogaci i szanowani.; 4. Mężowie byli beztroscy, rozrzutni, ale starzy.; 5. Chłopcy byli wysocy i szczupli.; 6. Nauczyciele byli wymagający, ale serdeczni.; 7. Jacy mężczyźni byli nagrodzeni?; 8. Synowie byli mali, chudzi i piegowaci.

10 1. utalentowani, kreatywni, roztargnieni; 2. cierpliwi, kochający, serdeczni; 3. szybcy, wysportowani, zdyscyplinowani; 4. wytrwali, odważni, wytrzymali; 5. wymagający, konsekwentni, przewidujący; 6. towarzyscy, otwarci, gadatliwi; 7. ambitni, sprytni, rozrzutni; 8. obiektywni, wiarygodni, uczciwi

11 1. Którzy; 2. Czyje; 3. Tamte; 4. Jakie; 5. Czyi; 6. którego; 7. Jacy; 8. których

12 1. znajomy ; 2. chory; 3. obcy; 4. łysy; 5. zdrowy; 6. biedny; 7. bezdomny; 8. bogaty; 9. bezdzietny; 10. pracowity

13 1. Bezdomni ludzie spali w parku. Jacy ludzie spali w parku?; 2. Chorzy leżą w szpitalu. Kto leży w szpitalu?; 3. Bezdomni czekali na pomoc. Kto czekał na po-

moc? 4. Bogaci nie lubią się dzielić. Kto nie lubi się dzielić?; 5. Sąsiedzi są już zdrowi. Kto jest już zdrowy?; 6. Znajomi będą na kolacji. Kto będzie na kolacji?

14 1. zgadzają; 2. się wydaje; 3. przyznać; 4. zdaniem; 5. według; 6. pewna; 7. wiem; 8. zdaniem

Lekcja_ **06**

1 A: 1c; 2g; 3e; 4b; 5h; 6a; 7j; 8d; 9f; 10i
B: 1d; 2f; 3a; 4g; 5b; 6c; 7i; 8e; 9h

2 1. użytkownika; 2. drukarka; 3. pulpicie; 4. przenośnym; 5. linków; 6. hasła; 7. dysku; 8. zasilacz

3 1. używasz; przede, internetu, mailowy; 2. programów, uczennicą, tekstu, prezentacji; 3. potrzebuje, motywacji, dodatek; 4. szukasz, Jak, ofert, ułatwia; 5. Jakie, boją się, dostępie, największym, zabiera; 6. korzystać, problem, przypadek, strony, źle; 7. sądzisz, Moi, dostęp, jak, wejdę; 8. sieci, chociaż, obejrzeć, klientem; 9. temat, mnie, mówią, minus, rewolucja

4 z; w; na; w; obok/koło; w; w; w; za; w; w; z

5 szkole; maturą; studniówce; nauczyciele; uczniowie; tańcem; filmu

6 utrzymać, utrzymanie, do utrzymania; spotkać, spotkanie, przed spotkaniem; pisać, pisanie, przy pisaniu; oglądać, oglądanie, podczas oglądania; malować, malowanie, po malowaniu; surfować, surfowanie, oprócz surfowania; czatować, czatowanie, bez czatowania; siedzieć, siedzenie, do siedzenia; uczyć się, uczenie się, poza uczeniem się; spóźnić się, spóźnienie się, przepraszać za spóźnienie; jeść, jedzenie, nad jedzeniem; pić, picie, prosić o picie

7 1. zrobienia; 2. usunięcie; 3. zalogowaniu się; 4. sprzedania; 5. wysłanie; 6. skończeniem; 7. przedłużenie; 8. korzystania; 9. zamknięcie; 10. wychodzeniu

8 1. dokument; 2. przeglądarki; 3. drukarkę; 4. matura; 5. cofnij; 6. klawiatura; 7. licencjat; 8. Akademii; 9. edukacja

9 1. test kompetencji; 2. matura; 3. studium; 4. spis przedmiotów; 5. czytanie tekstów; 6. cofnij; 7. kopiuj

Lekcja_ **07**

1 1c; 2e; 3g; 4a; 5i; 6h; 7d; 8f; 9b

2 1e; 2g; 3a; 4f; 5k; 6b; 7d; 8i; 9j; 10c; 11h

3 1. pół etatu; 2. doświadczenie zawodowe; 3. należy do jego obowiązków; 4. prowadzenie korespondencji; 5. wystawianie faktur; 6. organizacja biura; 7. pisać bezwzrokowo; 8. cały etat; 9. usamodzielnić się; 10. biegle; 11. pracować w zespole

4 Przykładowe odpowiedzi:
1. archeolog, architekt, adwokat; 2. biznesmen, budowniczy; 3. chirurg, chemik; 4. dentysta, dziennikarz; 5. elektryk, endokrynolog; 6. fryzjer, fotograf; 7. grafik, górnik; 8. hydraulik, historyk; 9. inżynier, informatyk; 10. językoznawca, jubiler; 11. księgowy, kucharz; 12. lekarz, listonosz; 13. mechanik, muzyk; 14. nauczyciel, notariusz; 15. okulista, ortopeda; 16. prawnik, pielęgniarka; 17. rolnik, radca prawny; 18. sędzia, stróż; 19. tancerz, tłumacz; 20. urzędnik, urolog; 21. weterynarz, woźny; 22. zegarmistrz, zoolog;

5 1. zajmuje się; 2. urządzeń; 3. zatrudnić; 4. kwalifikacji; 5. podjąć; 6. maturę, dostać się; 7. zawodzie; 8. własny rachunek; 9. stanowisku, znajomość; 10. zlecenie

6 1. Łapińska; 2. średnie; 3. odzieżowe; 4. maturę; 5. w sklepie z ubraniami; 6. produkcyjnej; 7. jakości; 8. wad; 9. podstawowych programów; 10. język angielski; 11. pracowita

7 Jerzy; politechnikę; przedsiębiorstwie; dobrze; operacyjne; Doskonale; operatywny

8 zawodu; Finanse; księgowa; księgowych; włosku; solidna

9 1. mocne strony; 2. dane osobowe; 3. szkolenia; 4. wykształcenie; 5. osiągnięcia; 6. kwalifikacje; 7. referencje

10 1. ~~wyedukowany~~; 2. ~~usługa~~; 3. ~~znajomościach~~; 4. ~~restrykcje~~; 5. ~~zarobków~~; 6. ~~koordynacją~~; 7. ~~umiejętnością~~; 8. ~~zatrudnia~~

11 1d; 2g; 3b; 4f; 5a; 6j; 7c; 8k; 9e; 10l; 11i; 12h

12 interesująca; stresująca; męcząca; wciągająca; satysfakcjonująca; ciekawa; odpowiedzialna; rozwijająca; nudna; przyszłościowa; wyczerpująca; dobrze płatna; frustrująca; atrakcyjna

Lekcja_ **08**

1 AS: przedstawić; DB: korzenie, Ameryki, Ameryce; AS: przodkach; DB: utrzymywaliśmy, emigracji; DB: Amerykanie, wymawiać; DB: kilkaset, kultury; DB: dialektu, dziadkowie, języku, przypadki; DB: Wawelu; DB: odwiedzę

2 1. płuca; 2. wiadomości; 3. mecze; 4. koleżanki; 5. reklamy; 6. zmiany; 7. bule; 8. horoskopy; 9. maile; 10. nadgodziny; 11. synów; 12. kuzynów, braci; 13. kwoty; 14. atrakcje; 15. kolegów

3 1. Znasz moje kuzynki?; 2. Zwiedzają krakowskie kościoły.; 3. Kocham moich wujków.; 4. Kup kiszone ogórki.; 5. Piję zimne napoje.; 6. Spotkałem starych żołnierzy.; 7. Mam syjamskie koty.; 8. Lubię twoich bratanków.; 9. Widzę wysokie drzewa.; 10. Czytacie kolorowe magazyny?

4
1. decydujący; 2. męczący, zmęczony; 3. stresujący, zestresowany; 4. frustrujący, sfrustrowany; 5. stresujący; 6. denerwujący; 7. decydujący, zdecydowany; 8. sfrustrowany; 9. interesujący, zainteresowany; 10. denerwujący, zdenerwowany; 11. interesujący; 12. męczący

5
1. Do Krakowa.; 2. Męczący.; 3. Był zmęczony.; 4. Ze współpasażerką.; 5. Żeby schylił się po jej długopis.; 6. Ani razu.; 7. W przyszły poniedziałek.; 8. W prywatnej szkole językowej.; 9. Nad morze.; 10. Ciąg dalszy nastąpi. Skrót ten można spotkać np. w serialach, komiksach drukowanych w odcinkach.

6
c.d.n. - ciąg dalszy nastąpi; itd. - i tak dalej; np. - na przykład; m.in. - między innymi; n.p.m. - nad poziomem morza; ok. - około; tzw. - tak zwany; itp. - i tym podobne; pt. - pod tytułem; tzn. - to znaczy

7
Przykładowa odpowiedź:
D: Cześć, to ja, dziewczyna z samolotu.
T: Cześć, co słychać?
D: Jest piękna pogoda, masz ochotę na spacer?
T: Chętnie, a gdzie się spotkamy? Nie znam Krakowa.
D: Może koło twojej szkoły? Jaki tam jest adres?
T: Szkoła jest przy ulicy Dietla 103.
D: O, to świetnie. Stamtąd jest blisko nad Wisłę i na Kazimierz.
T: O której się spotkamy?
D: Może o 16 pod szkołą.
T: Będę czekać, do zobaczenia!

8
1. o; 2. za; 3. przez; 4. po; 5. na; 6. o; 7. za; 8. na; 9. nad; 10. po; 11. pod; 12. przez

9
1. stole; 2. środę; 3. podwyżkę; 4. ferie; 5. Wrocławiu; 6. Kazimierz; 7. wyjściu; 8. gotowaniu; 9. czerwcu

10
1. morzem, morze; 2. sklepem, sklep; 3. miastem, miasto; 3. krzesłem, krzesło; 5. knajpą, knajpę; 6. budynkiem, budynek; 7. Opolem, Opole; 8. autem, auto; 9. domem, dom

11
1. Ania lubi swojego kota.; 2. Stefan kocha swojego brata.; 3. Ewa lubi swojego psa.; 4. Angela lubi swoją koleżankę.; 5. Maria kocha swojego męża.; 6. Mami lubi swojego kolegę.; 7. Javier lubi swoje koleżanki.; 8. Karol lubi swoich nauczycieli.; 9. Basia kocha swoich synów.; 10. Iza kocha swoje koty.; 11. Sylwia lubi swoich studentów.; 12. Karolina kocha swoich rodziców.

Lekcja_09

1
1. szczotka, szczoteczka; 2. walizka; 3. kosmetyczka; 4. pasta; 5. ładowarka; 6. mydło; 7. ręcznik; 8. piżama; 9. maszynka do golenia; 10. ubezpieczenie; 11. apteczka; 12. paszport

2
Karol: 1. Spakuj; 2. Weź; 3. Zapłać; 4. Zadzwoń; 5. Odwołaj; 6. Posprzątaj; 7. Wyrzuć; 8. Podlej; 9. Odkurz; 10. Wyłącz; 11. Zgaś; 12. Zamknij
Mami: 1. Gaś; 2. Wyrzucaj; 3. Podlewaj; 4. Odkurzaj; 5. Wyłączaj; 6. Otwieraj; 7. Zamykaj; 8. Mailuj; 9. Ucz się; 10. wychodź; 11. Bierz; 12. Pisz; 13. zapomnij

3
1. Zaczekaj!, Niech pan zaczeka!; 2. Dajcie, Niech państwo to dadzą!; 3. Otwórzcie!, Niech panie otworzą!; 4. Nie zostawiaj!, Niech pani nie zostaje!; 5. Przeproście!, Niech oni przeproszą!; 6. Zrozum!, Niech państwo zrozumieją!; 7. Poszukajmy!, Niech panowie poszukają!; 8. Odwiedź!, Niech one nas odwiedzą!; 9. Pomóżcie!, Niech państwo jej pomogą!

4
Wybierz, zrób, idź, umyj, obierz, pokrój, nalej, włóż, dodaj, gotuj

5
1. żeby Grzegorz zapłacił rachunki; 2. żeby Karol spakował plecak; 3. żeby chłopcy wzięli paszporty; 4. żeby Ania zadzwoniła do babci; 5. żebyśmy odwołali/ odwołały wizytę u dentysty; 6. żeby Zbyszek posprzątał swój pokój; 7. żeby mąż wyrzucił śmieci; 8. żeby dzieci podlały kwiaty; 9. żebyśmy odkurzyli/odkurzyły całe mieszkanie; 10. żebyśmy wyłączyli/wyłączyły komputer; 11. żebyśmy zgasili/ zgasiły światło; 12. żeby Karolina zamknęła drzwi

6
1. można to zrobić; 2. powinno się; 3. trzeba; 4. warto; 5. należy; 6. wolno/można

7
1. Nie wolno ci tego robić.; 2. Tutaj nie wolno parkować.; 3. Nie warto tego robić.; 4. Trzeba to napisać do piątku.; 5. Nie lepiej wchodzić przeterminowanych produktów.; 6. Nie wolno wchodzić.; 7. Warto mieć duży słownik.; 8. Tutaj nie wolno palić, ale tam wolno / można.; 9. Trzeba kupić pastę do zębów, bo się skończyła.

8
1. Przygotuj się; 2. Zdejmij, włóż; 3. Zdejmij; 4. Wyjmij; 5. wyrzuć; 6. wpakuj

9
1. Pasażerowie powinni wrócić na swoje miejsca.; 2. Pasażerowie muszą zapiąć pasy, złożyć stoliki, a fotele ustawić w pozycji pionowej.; 3. Toalety są nieczynne ze względów bezpieczeństwa.; 4. Lądowanie przebiegło bez problemów.; 5. Do momentu wyłączenia sygnalizacji, że pasy powinny być zapięte.; 6. Załoga przypomina, że telefony powinny być nadal wyłączone.; 7. Na lotnisku wolno palić w wyznaczonych miejscach. / W wyznaczonych miejscach.; 8. Za wspólny lot.; 9. Miłego pobytu w Rzymie.; 10. Do ponownego skorzystania z oferty LOT-u.; 11. Z ofertą.

10
a. 15; b. plus jeden; c. Potocki; d. opieki; e. niedozwolone; f. zapoznanie

Lekcja_10

1
1. fartuch; 2. butelki; 3. zmywarce; 4. koszyki; 5. słoik; 6. krześle; 7. szafce; 8. parapecie; 9. obrus; 10. talerzu

2
1. oknie; 2. desce; 3. lampie; 4. sofie; 5. ścianie; 6. dywan; 7. fotelu; 8. podłodze; 9. rogu; 10. stolik

3
1. W; 2. W; 3. na; 4. W; 5. na; 6. w; 7. o; 8. w; 9. w; 10. o; 11. na

4
A. Ameryce Południowej, Środkowej, Meksyku, Boliwii, Kolumbii, Paragwaju, Wenezueli, północnej Argentynie, Ameryce Północnej, Europie, Azji, Australii, Arktyce, Antarktydzie
B. tukanach, lasach deszczowych, gałęziach, grupach rodzinnych, różnych kolorach, gniazdach, dziuplach, dziurach, drzewach, tygodniach, miesiącach, dużych klatkach, pióropuszach

5
1. jedno; 2. z widokiem; 3. na wprost; 4. W rogu; 5. stoją; 6. wisi; 7. otwierać; 8. właściciela; 9. Na środku; 10. Naprzeciwko

6
1. śpię; 2. z drewna; 3. bardzo ładny; 4. jeździć konno; 5. ze sprzętami AGD; 6. poza domem; 7. pojechać; 8. jeść i pić

7
Położenie: jeziorem, szlaku, zabytki, wojny
Zakwaterowanie: domków
Wyposażenie: kominkiem
Do dyspozycji gości: bezprzewodowy, zabaw, ognisko, wypożyczalnia, boisko

8
1. Drogi Tato!; 2. Kochana Żono!; 3. Stary Przyjacielu!; 4. Szanowny Panie Dyrektorze!; 5. Najdroższa Babciu!; 6. Najukochańsza Córeczko!; 7. Kochany Dziadku!; 8. Droga Kuzynko!; 9. Mój Mały Syneczku!; 10. Panie Generale!

9
1. Kaszuby; 2. Suwalszczyzna; 3. Tatry; 4. Kazimierz Dolny; 5. Bieszczady; 6. Sudety

10
wysyłam; kempingu; jeziorem; czystej; natury; zbieram

Lekcja_11

1
wy; prze; przy; s; w; do; pod; ob; od; roz; nad

2
1. dochodzić; 2. wchodzić; 3. wychodzić; 4. przechodzić; 5. rozchodzić się; 6. schodzić; 7. podchodzić; 8. wchodzić; 9. przychodzić; 10. obchodzić; 11. odchodzić; 12. nadchodzić / nadchodzi

3
1. wchodzi, wejść; 2. Przyjdziesz, przychodzisz; 3. wychodzę, wyjść; 4. przychodzą, przyjdą; 5. nadchodzi, nadchodzi, nadejdę; 6. zejść, schodzić; 7. wejść, wchodzić; 8. przechodzić, przejdziecie; 9. dojdę, Dochodzę; 10. podejdzie, Podchodzi

4
A. wychodzą; rozchodzą się; wyjdą; pójść; wchodzą; wychodzą; Przechodzą; schodzą; podchodzą; Wychodzą; obchodzą; przechodzą; dochodzą; nadchodzi
B. Zaraz skończą się zajęcia i studenci wyjdą z sali i rozejdą się do domów. Javier i Uwe jeszcze posiedzą w środku i porozmawiają, ale też wyjdą za moment. Angela i Mami planują pójść na spacer na Kopiec Kościuszki, ale najpierw wejdą na moment do biblioteki. Pożyczą książki i wyjdą na korytarz. Przejdą przez hall i zejdą po schodach. Na dole zobaczą znajomych, podejdą do nich na moment, ale zaraz będą musiały pójść. Wyjdą ze szkoły, obejdą źle zaparkowane auto i przejdą na drugą stronę ulicy. Tam dojdą do przystanku i sprawdzą, który tramwaj jedzie na Kopiec. Tramwaj zaraz przyjedzie, ale niestety zaraz nadejdzie burza i dziewczyny nigdzie nie pójdą.

5
A. wyjdzie; zejdzie; Wejdzie; wyjdzie; dojdzie; Przejdzie; obejdzie; wejdzie; odejdzie; zejdzie; wyjdzie; pójdzie; przyjdą; pójdą
B. Javier już wyszedł z sali i zszedł na parter. Wszedł do sekretariatu, żeby podpisać dokumenty. Potem ze szkoły, skręcił w lewo i doszedł do ulicy Starowiślnej. Przeszedł przez skrzyżowanie, obszedł słup reklamowy z plakatami i sprawdził, co ciekawego będzie się działo w najbliższym czasie. Potem wszedł do sklepu po zakupy. Kiedy już odszedł od kasy i spakował zakupy, zszedł jeszcze na moment na poziom -1, żeby dorobić klucz do śmietnika. Znów niestety go zgubił. Z nowym kluczem i zakupami wyszedł ze sklepu i poszedł szybko do domu.

6
wyszli; rozeszli się; weszli; wyszły; podeszli; zeszli; wyszły; obeszli; przeszły; Doszli; poszły

7
wejście; wyjście; przejście; dojście; zejście; podejście, obejście; nadejście; przyjście; odejście; rozejście się

8
1. „Wejście"; 2. „Przejścia nie ma"; 3. „Zejście ze szlaku wzbronione!"; 4. „Wejście tylko dla personelu"; 5. „Przejście podziemne"; 6. „Wyjście awaryjne"; 7. „Dojście do ulicy…"; 8. „Uwaga! Strome podejście"; 9. „Przejście dla pieszych"; 10. „Wyjście"

9
1. lesie; 2. wieś; 3. powodzi; 4. kempingu, namiotem; 5. szczyt; 6. Burza; 7. szlaków; 8. plecak; 9. ogniska; 10. schroniska

10
1. noclegu; 2. pokoje; 3. zajęte; 4. miejsca; 5. wynajmuje; 6. kwater; 7. ciemno; 8. schronisku

11
1c; 2f; 3i; 4a; 5l; 6b; 7j; 8d; 9g; 10e; 11h; 12k

12
wyszłam; wszedłem; przyszedł; zszedłeś; przeszłyście; doszłam; podeszła; odeszliście; obszedł; rozeszłyśmy się; nadszedł

13
1. Obeszłam; 2. podszedł; 3. nadszedł; 4. rozeszli się; 5. Odszedłem; 6. wszedł; 7. Zszedł

14
1. podejść; 2. obejść; 3. schodzi; 4. obchodzić; 5. podchodzić; 6. rozminąć się; 7. podchodzi; 8. przejść; 9. wyjść; 10. przejść; 11. podchodzić do siebie

15
1. wyszedł cało; 2. wyszli na swoje; 3. wyszedł z siebie; 4. wyszła za głupca; 5. wyszedłeś na głupca

Lekcja_12

1
Wyjechaliśmy; zjechać; jechać; dojechaliśmy; przejechać; jechać; wjechał; Objechaliśmy; Zjechaliśmy; podjechaliśmy; odjechać; wyjedzie; Wyjechaliśmy; pojadę

2
1. ledwie; 2. po północy; 3. wzgórze; 4. nigdzie żywej duszy; 5. na piechotę; 6. gdzie indziej; 7. zawrócić; 8. nieco; 9. błoto; 10. w środku; 11. koszmarny; 12. stamtąd; 13. nigdy w życiu

3 1. Wyjedziemy; 2. Zjedziemy; 3. dojedziecie; 4. Przejadę; 5. wjedziesz; 6. Objadą; 7. Zjadę; 8. podjedzie; 9. Odjadą; 10. wyjedziesz

4 1. odjedzie; 2. Wjedziemy; 3. podjedzie; 4. wyjedziesz; 5. Przejadę; 6. Zjedziesz; 7. Dojedziecie; 8. Objadą; 9. Rozjadą się; 10. Przyjedziesz

5 jechać; dojechać; skręcić; dojechać; objechać; przejechać; wyjechać; wjechać; zjechać

6 wsiądź; Skręć; dojedziesz; wjedź; jedź; przejedź; zjedź; wjedź; przejechać; objedź; skręć; przejedź; objedź; dojedziesz

7 1. ~~rekompensata~~; 2. ~~nieudany~~; 3. ~~postępowanie~~; 4. ~~domek~~; 5. ~~przypalony~~; 6. ~~wyposażony~~

8 1b; 2d; 3g; 4a; 5h; 6e; 7i; 8c; 9f; 10j

9 1. Chciałem wyrazić swoje niezadowolenie w związku z nierzetelnością Państwa usług.
2. W ubiegłym tygodniu skorzystałem z Państwa oferty.
3. Niestety, niemal żaden punkt oferty nie był zgodny z rzeczywistością.
4. To niedopuszczalne, żeby tak traktować klienta.
5. Mapa dojazdowa, którą otrzymałem od Państwa zawierała błędne informacje.
6. Kuchnia miała być w pełni wyposażona.
7. Były jedynie dwa talerze, stara, przypalona patelnia i zepsuty czajnik.
8. Jestem oburzony Państwa postępowaniem i domagam się rekompensaty za mój nieudany urlop.

10 1. pojechałeś; 2. płynął; 3. chodzą; 4. jadę; 5. lata; 6. jeżdżą; 7. pływać; 8. szła; 9. leciałaś; 10. poszedł

11 1. wejdź; 2. wyjdź; 3. wyszedł; 4. wyszła; 5. wejdę; 6. zejdę; 7. podejdę; 8. obejdziesz; 9. nadejdzie; 10. zejdź; 11. rozejść

12 samochód; tramwaj; autobus; samolot; pociągiem; autostopem; rower; skutery; metrem; motocyklem

13 1a; 2c; 3g; 4f; 5b; 6e; 7d

14 1c; 2g; 3f; 4a; 5i; 6d; 7h; 8b; 9e

15 1. „Parkuj i jedź"; 2. „Prawo jazdy"; 3. „Fotelik"; 4. „Tablice rejestracyjne"; 5. „Straż miejska"; 6. „Poduszka powietrzna"; 7. „Czarny punkt"

Lekcja_**13**

1 1. zdrada; 2. żałoba; 3. śmierć; 4. bezrobocie; 5. bezdomność; 6. rozwód; 7. depresja; 8. ciąża, 9. wypadek; 10. alkoholizm; 11. przemoc; 12. emigracja; 13. dyskryminacja

2 niska; siwe; uderzył; przemocy; trzech; trzej; wypadku; księdzem; wyszła; wypadek; wózku; śmierć; zdradził; rozwieść

3 mi; dołujący; w; sobie; im; rok; osoby; domowa; rozwód; nowi; który; sobie; już; się; pomóc; wiem; ci; ale; człowieka; zawsze; tym; kiedyś; czasu; innym; już; dobrze; kiedyś; która; takiej; znaleźć; niej

4 1. P; 2. N; 3. N; 4. P; 5. P; 6. P; 7. N; 8. N; 9. P; 10. N

5 z; przez; na; dopiero; może; do; do; ale; na; że; na; na; do

6 poszła; przyszli; poszła; podszedł; obszedł; wszedł; wysiadła; przyszedł; doszła; podeszli

7 Komu; sławnym osobom; Fryderykowi Chopinowi; Janowi Pawłowi II [drugiemu]; Mikołajowi Kopernikowi; Adamowi Mickiewiczowi; Józefowi Piłsudskiemu; Juliuszowi Słowackiemu; innym; polskim królom; wydarzeniom historycznym; żołnierzom; zwierzętom; Krakowskiemu Towarzystwu Opieki nad Zwierzętami; ogólnopolskim mediom

8 1. Kupiłam kwiaty mojej mamie.; 2. Zrobiłam zdjęcie mojemu kotu.; 3. Pokazałam bilet kontrolerowi.; 4. Posprzątałam piwnicę mojej babci.; 5. Otworzyłam drzwi inkasentowi.; 6. Podarowałam album tej studentce.; 7. Sprzedałam koledze samochód.; 8. Oddałam książkę koleżance.; 9. Opowiedziałam terapeucie moją historię.; 10. Dałam mężowi drugą szansę.; 11. Odśnieżyłam chodnik sąsiadce.; 12. Podałam gościom obiad.

9 mamie; babci; dziadkowi; kuzynowi; siostrze; kuzynce; bratu; szwagrowi; psu; bratankowi; kotu, rybkom

10 1. dzięki; 2. wbrew; 3. przeciw; 4. dzięki; 5. przeciwko; 6. wbrew; 7. dzięki; 8. przeciw

Lekcja_**14**

1 znicz; cmentarz; wieniec; grób; krzyż; chryzantemy; pomnik; kaplica; anioł; rzeźba

2 1d; 2f; 3h; 4c; 5a; 6b; 7j; 8e; 9l; 10n; 11g; 12m; 13i; 14k

3 Cmentarz Salwatorski to niewielka, ale ważna nekropolia Krakowa. Położona jest w malowniczym zakątku, niemal u stóp Kopca Kościuszki, przy popularnej wśród Krakowian alei spacerowej. Przepiękne usytuowanie i roztaczająca się stąd panorama na miasto, okolice, a przy dobrej pogodzie nawet na tatrzańskie szczyty, sprawiły, że cmentarz stał się miejscem ostatniego spoczynku wielu krakowskich artystów, pisarzy, naukowców. Lista sławnych nazwisk jest długa. Wśród nich wyróżnia się nazwisko Stanisława Lema - jednego z najbardziej znanych pisarzy polskich.

4 jaka; Bosy; krzyż; dzieło; kompozycja; Teatru; grobie

5 1. ~~warto~~; 2. ~~nakazany~~; 3. zwolnić; 4. ~~protektor~~; 5. ~~przejazd~~; 6. ~~nienadzwyczajny~~; 7. ~~zajęty~~; 8. ~~poważny~~

6 A: wszechobecną; przewodnią; inscenizację; demonstracje; zakłamanie; straszny; niezgoda
B: wyszli na ulicę; zagrzewać do walki; Coś mi to mówi; mamy na tapecie; wolność słowa

7 1. na; 2. wobec; 3. przez; 4. w; 5. do

8 rzeczownik: protest; rząd; inscenizacja
czasownik: demonstrować; manifestować; kłamać; nie zgadzać się; niepokoić się; dominować

9 mówiąc; że; przeszłością; Obejrzałem; rzeczywistości; z; robotników; solidarności

10 1. braku wolności; 2. hipokryzji władzy; 3. ograniczania swobód; 4. cenzury; 5. nieprzestrzegania prawa; 6. podwyżki cen; 7. pustych półek

11 1. nim; 2. nim; 3. niego; 4. niej; 5. wami; 6. nim; 7. nas; 8. nie; 9. nich; 10. nami

12 1. niej; 2. niego; 3. ciebie; 4. niej; 5. was; 6. ci; 7. nich; 8. nas

13 1. o niej; 2. sobie; 3. nim; 4. sobie; 5. nich; 6. siebie; 7. nią; 8. sobą

14 1. sobie; 2. sobą; 3. siebie; 4. sobą; 5. sobie; 6. siebie; 7. sobie; 8. sobie

15 1e; 2a; 3c; 4i; 5b; 6h; 7d; 8f; 9g

16 im; nimi; tobą; sobie; nami; siebie; ciebie; nas; mi; mnie; ciebie; mnie; ja; ciebie; mnie

17 1. Kup; 2. Chodźmy; 3. Przynieście; 4. Pozamiataj; 5. Umyjcie; 6. Niech on zapali; 7. Połóż; 8. Pomódlmy się

Lekcja_**15**

1 1d; 2h; 3e; 4g; 5b; 6f; 7i; 8c; 9a

2 szampan; pochód pierwszomajowy; urodziny; Międzynarodowy Dzień Solidarności Ludzi Pracy; konstytucja; pełnia księżyca; niepodległość; PRL

3 1. Wigilia; 2. pasterka; 3. pasterz; 4. karp; 5. kolęda; 6. żłóbek; 7. opłatek; 8. anioł; 9. choinka; 10. bombka; 11. prezent; 12. gwiazda

4 1. kolęda; 2. słońce; 3. gołąbki; 4. post; 5. drzewko; 6. kompot; 7. stół; 8. choinka; 9. piernik; 10. sianko; 11. stajenka; 12. głos

5 namoczyć; umyć; pokroić; listki; angielskie; zrumienić; kapusta; wino; Doprawić; chlebem

6 Święta; Opłatek; potraw; wigilijnymi; karpia; piernik; reguł; rodziną; prezenty; dostaniemy; Mikołaja; religijną; kolęd; śniegu

7 wywodzi się; dekoruje się; przywiązuje się; Mówi się; zawiesza się; puszcza się

8 obchodzi się; przebiera się; organizuje się; chodzi się; odwiedza się; dostaje się; robi się

9 religijna; tradycyjna; dzieciństwa; Wielką; święci; grób; strażacy; zając; jajek; jajka; pisanki; lany; oblany; śmigus-dyngus; chrzan

10 1c; 2e; 3d; 4i; 5g; 6b; 7h; 8a; 9f

11 minął; stanęli; wspięli się; osiągnęli; zaginęli; poślizgnęli się; pociągnął; podjęli; zaczęły się; zginęło

Lekcja_**16**

1 1. biernik; 2. mianownik; 3. dopełniacz; 4. dopełniacz; 5. biernik; 6. narzędnik; 7. bierniki; 8. biernik; 9. dopełniacz; 10. dopełniacz, biernik; 11. narzędnik; 12. miejscownik; 13. dopełniacz; 14. celownik

2 czasownik: wynająć; otaczać / otoczyć
rzeczownik: żegluga / żeglowanie; zmaganie; pochwała / zachwalanie; zwiedzanie; ratunek; ostrzeżenie

3 1. rufa; 2. lina; 3. maszt; 4. żagiel; 5. ster; 6. kajuta; 7. burta; 8. dziób; 9. bandera; 10. żeglarz / Mewa siedzi na: rufie, sterze, maszcie, żaglu, dziobie, burcie, banderze, żeglarzu, linie, w kajucie.

4 1. dotarliśmy; 2. wyruszyła; 3. zdarzyło się; 4. ratunek; 5. gwałtowny; 6. niesamowity; 7. postanowiliście

5 1. trzęsie się; 2. lęk wysokości; 3. przemierzać; 4. wyruszyć; 5. załamanie; 6. gęsia skórka; 7. wpada w panikę

6 1. ~~zmęczenie~~; 2. ~~nieregularnie~~; 3. ~~z gniewu~~; 4. ~~z bólu~~; 5. ~~w przeciwieństwie do~~; 6. ~~odżywianie~~; 7. ~~kosmos~~; 8. ~~z radości~~; 9. ~~dokończyć~~

7 usiąść: usiadłem, usiadłam, usiedliśmy, usiadłyśmy
upaść: upadłem, upadłam, upadliśmy, upadłyśmy
wpaść: wpadłem, wpadłam, wpadliśmy, wpadłyśmy
spaść: spadłem, spadłam, spadliśmy, spadłyśmy
trząść się: trząsłem się, trzęsłam się, trzęśliśmy się, trzęsłyśmy się

8 1. zapoznajcie się; 2. Przygotujcie; 3. spakujcie; 4. pamiętajcie; 5. Zabierzcie; 6. Weźcie; 7. idźcie; 8. Ubierzcie się, włóżcie; 9. Sprawdźcie; 10. schodźcie;

11. Kontrolujcie; 12. podchodźcie; 13. trzęście się; 14. wpadajcie

9 1. P; 2. N; 3. N; 4. N; 5. P; 6. P; 7. N

10 wcześniej ≠ potem; w końcu = wreszcie; później ≠ przedtem; niedawno ≠ przed laty; najpierw = wcześniej; ostatnio ≠ dawno; podczas = w czasie; nagle = wtem

11 1. we Wrocławiu; 2. nad oceanem; 3. w Tatry; 4. w podróży / podczas podróży; 5. ze szczytu; 6. na poczcie; 7. na spacer, nad rzekę; 8. na spacerze, nad rzeką; 9. z urlopu

12 1. [B] jak; 2. [B] chwili; 3. [P] -; 4. [P] -; 5. [B] laty; 6. [B] dawno; 7. [B] wielu; 8. [B] w; 9. [B] w; 10. [P] -; 11. [B] latach; 12. [B] ten czas

13 1. Przed; 2. ostatnio; 3. Najpierw, potem; 4. równocześnie; 5. wreszcie; 6. tymczasem; 7. Podczas; 8. zanim

14 1. [B] Przed; 2. [B] Podczas; 3. [B] Zanim; 4. [P] -; 5. [B] Dawno temu; 6. [B] potem 7. [B] po; 8. [B] w końcu / wreszcie

15 po; z; przez; do; do; Z; z; z; na; z; w; do; po/z; ze; w; po; po; w; Na; w; na

16 1. więc; 2. Albo, albo; 3. czyli; 4. jednak; 5. ani, ani; 6. czy; 7. dlatego; 8. niż

Lekcja_**17**

1 1. oddział wojskowy; 2. aresztować; 3. funkcjonariusze ZOMO; 4. kartka na żywność; 5. czołg; 6. przepustka

2 1h; 2b; 3e; 4i; 5a; 6d; 7c; 8f; 9g

3 1. wyjątkowy; 2. ogłasza się; 3. wprowadzić; 4. nakazać; 5. wojenny; 6. zawieszony; 7. Zniesiono; 8. ograniczenia; 9. Obowiązują; 10. zakaz; 11. cenzura

4 rozpocząć ≠ zakończyć; nakaz = rozkaz; obrona ≠ atak; uzbrojony ≠ bezbronny; wkroczyć = wejść; żołnierze = wojsko; nakaz aresztowania ≠ zakaz aresztowania; miejsce pobytu = miejsce zamieszkania; zezwolenie ≠ zakaz; dotychczas = do tej pory; zawiesić działalność ≠ wznowić działalność; konieczność = potrzeba, przymus; skazać ≠ uniewinnić; zastrzelić = zabić kogoś z broni palnej (pistoletu, karabinu); wydarzenie = zdarzenie

5 1. bez; 2. za; 3. od; 4. na; 5. o; 6. do; 7. nad; 8. do; 9. do; 10. na; 11. bez; 12. z; 13. przeciw; 14. w

6 1. nie wykonał rozkazu; 2. nie musi się wstydzić; 3. nie chciał strzelać do ludzi; 4. nie można się spotykać w większych grupach; 5. mogli tam spotykać; 6. poważne konsekwencje; 7. mało wydajnie, powoli; 8. zwycięży; 9. symbolicznego znaczenia

7 A - Na cenzurowanym; B - Światło pamięci; C - Drugi obieg; D - Państwo strzela do robotników; E - Stan wojenny i sanki

8 1. odrobił; 2. zaprojektowała, wygrała; 3. gadała; 4. zrozumiał; 5. pisała; 6. poszła, zmieniła; 7. Wróciła; 8. sprawdzał

9 1. [B] czytał; 2. [B] zaczęło; 3. [P] -; 4. [B] pomógł; 5. [B] położyłaś; 6. [B] znaleźć; 7. [P] -

10 1. zobaczcie; 2. połóżcie się / kładźcie się; 3. powiedz; 4. opowiedz; 5. znajdź; 6. odpowiedzcie; 7. bierz / zażywaj; 8. weź

11 1. Połóż; 2. Powiedz; 3. Przeczytaj; 4. Weź; 5. Zjedz; 6. Obejrzyj; 7. Wyślij; 8. Odwiedź; 9. Nie czytajcie tego!; 10. Nie pisz tego listu!; 11. Nie powtarzajmy tej części!; 12. Nie słuchajcie tej piosenki!; 13. Nie łączmy tych elementów!; 14. Nie uzupełniajcie tekstu!; 15. Nie kończcie zadania!

Lekcja_**18**

1 1a; 2c; 3c; 4b; 5a; 6c; 7b; 8b; 9b; 10a; 11c; 12a

2 głodny; nic; do góry; gałęzi; dziobie; zaczął; piękne; pióra; zadowolony; końcu; równie; otworzył; żeby; wypadł; dzioba; uciekł; bajki; chwalonym

3 kurczaki; kur; kury; jajek; kury; psy; kur; kurniku; koguta; kurom; szczury; kurami; psem; chlewie; psów; łąkami; owcami; Zwierzęta

4 1. kret; 2. pies; 3. królika; 4. kura; 5. konie; 6. baranek; 7. gęś; 8. świnia; 9. kot; 10. wiewiórka; 11. myszka; 12. byka

5 1. P; 2. P; 3. N; 4. P; 5. P; 6. N; 7. P; 8. P; 9. N; 10. P

6 1. P; 2. P; 3. P; 4. P; 5. N; 6. N; 7. P; 8. N; 9. P

7 1. zwierzęta; 2. zwierzętami; 3. zwierząt; 4. zwierzętach; 5. zwierząt; 6. zwierzęta; 7. zwierzętom; 8. zwierząt; 9. zwierzętach; 10. Zwierzętami; 11. zwierzętom; 12. zwierzętami

8 1. Nieprawda, nie wszyscy studenci lubią piwo.; 2. Nieprawda, nie wszystkie kobiety chcą mieć dzieci.; 3. Nieprawda, nie wszyscy mężczyźni mają prawo jazdy.; 4. Nieprawda, nie wszyscy politycy są nieuczciwi.; 5. Nieprawda, nie wszystkie zwierzęta są użyteczne dla człowieka.; 6. Nieprawda, nie wszyscy komuniści byli złymi ludźmi.; 7. Nieprawda, nie wszystkie nauczycielki są cierpliwe.; 8. Nieprawda, nie wszystkie niemowlęta mają niebieskie oczy.; 9. Nieprawda, nie wszyscy bezdomni są alkoholikami.; 10. Nieprawda, nie wszyscy Włosi są spontaniczni.

9 1. każdy; 2. wszystkich; 3. cały; 4. każdego; 5. całą; 6. żadnych; 7. każdy; 8. wszystkich; 9. wszystko; 10. wszyscy

10 1. byk; 2. osioł; 3. świnia; 4. małpa; 5. tygrys

11 horoskopy; wróżby; im; siebie; wiedzieć; było; czego; to; pokolenia; dla

12 horoskopie; Tygrysa; pułapkę; urodziła; charakter; uparte

13 1. uważają, rozrywkę, zwierzęcia; 2. miejscu, zwierzę, weź; 3. czegoś, sztuczne, zwierząt; 4. niewidomej, wiernym, terenie, psychikę; 5. wolontariuszem, środowiska, zginie, pieniędzy; 6. namiot, foka, lew, zobaczyć; 7. podpisuję, mnie, Ptaki, klatkach, jajek; 8. sprawdzam, chemicznych, wybór, konsumentem

Lekcja_**19**

1 1. Ekojazda; 2. Żarówki energooszczędne; 3. Zbiorniki na deszczówkę; 4. Nawozy i środki ochrony roślin; 5. Posypywanie ulic solą

2 1. zużycie, Zyskuje, dwutlenku węgla; 2. żarówek, rtęć; 3. uzdatniana, ścieków, zbiorniki; 4. Nawozy, szkodliwe; 5. Posypywanie, łapy, popiół

3 Ł: Gospodarstwo agroturystyczne „Oaza", w czym mogę pomóc?
G: Dzień dobry. Mówi Grzegorz Maj. Szukam miejsca na weekendowy wypad narciarski dla pięciu osób. Kiedy mają państwo wolne pokoje?
Ł: Proszę poczekać, sprawdzę. Za dwa tygodnie będę miała 3 wolne pokoje. Niestety, osoba, która będzie sama, musi zapłacić za puste łóżko połowę normalnej ceny.
G: Oczywiście, rozumiem, to przecież sezon. Czy oferują państwo też śniadania?
Ł: Rodzaj wyżywienia zależy od państwa: może być całodzienne lub tylko śniadania, jest też możliwość samodzielnego przygotowywania posiłków w kuchni dla gości.
G: Świetnie! Jak daleko od państwa pensjonatu jest do wyciągu narciarskiego w Wierchomli Wielkiej?
Ł: Około 3 kilometrów. Przy stacji narciarskiej jest duży bezpłatny parking.
G: A co z dostępem do sieci?
Ł: Na terenie całego pensjonatu działa bezprzewodowy internet.

4 A: środowisko; urządzenia; ich; makulaturze; wyrzuceniem; swoich kubków i sztućców; automatycznie; moich współpracowników; żadnej uwagi; sterty; jedzeniu

B: jeździłbym; poza; kierowcą; jeździć; wozić; często; Demontuję; wyłączam; benzynę; elektryczne

5 Żyj; oszczędzaj; zacznij; Zamontuj; eliminuj; Ustaw; Pamiętaj; zakręć; Wymień; Wyłączaj; Dokręcaj; Bierz; Otwieraj; wyłączaj; używaj; wlewaj; zostawiaj; zrób; Szukaj; kupuj; staraj się

6 Hasło całej krzyżówki: ŚRODOWISKO
1. śmieci; 2. segregacja; 3. opakowanie; 4. oszczędzać; 5. powietrze; 6. nawyk; 7. węgiel; 8. szlak; 9. zakaz; 10. smog

7 1. Moglibyśmy / Mogłybyśmy; 2. Musiałbyś / Musiałabyś; 3. Chcielibyśmy / Chciałybyśmy; 4. mieliby / miałyby; 5. Mógłbym / Mogłabym; 6. miałbym / miałabym; 7. Musieliby / Musiałyby; 8. chciałbyś / chciałabyś; 9. Moglibyście / Mogłybyście

8 1. Gdybyśmy nie spóźnili się na spektakl, portier wpuściłby nas do teatru.; 2. Gdybym miała bilet, nie zapłaciłabym kary.; 3. Gdybym nie zaspał, pociąg nie uciekłby mi sprzed nosa.; 4. Gdybym nie myła głowy w łazience, usłyszałabym telefon.; 5. Gdyby powtórzyli gramatykę, nie oblaliby testu.; 6. Gdybyś nie chodził bez czapki, nie byłbyś chory.; 7. Gdyby nie zgubił dowodu osobistego, nie miałby problemów.; 8. Gdyby nie była naiwna, nie oszukaliby jej.; 9. Gdyby nie pracowała w korporacji, miałaby czas na życie prywatne.; 10. Gdyby nie byli zmęczeni, mogliby jechać z nami.

Lekcja_**20**

1 1. rynek; 2. konsument; 3. rynek konsumenta; 4. wolny rynek; 5. konsumpcja; 6. konsumencki; 7. kupować

2 1c; 2j; 3f; 4e; 5g; 6k; 7l; 8i; 9d; 10h; 11a; 12b

3 1. odłożone; 2. wyłącznie / tylko; 3. zagląda; 4. rozchodzą się; 5. uznaje za; 6. zdaje sobie sprawę; 7. wybiera; 8. nabył

4 1. biernik; 2. miejscownik; 3. biernik; 4. narzędnik; 5. dopełniacz; 6. biernik; 7. dopełniacz; 8. biernik

5 1d; 2h; 3a; 4f; 5g; 6i; 7b; 8e; 9c

6 1. E; 2. B; 3. A, C; 4. D

7 1. galanterii skórzanej; 2. drogerią, aptekę; 3. galanterią skórzaną, apteki; 4. zegarmistrzem, sklepu spożywczego; 5. sklepem obuwniczym; 6. sklepem papierniczym, warzywniaka; 7. sklepu obuwniczego; 8. rogu; 9. środku

8 1. P; 2. N; 3. N; 4. P; 5. N; 6. P; 7. P; 8. N; 9. P; 10. N; 11. P; 12. N; 13. P

9 1. w sklepie spożywczym; 2. w drogerii; 3. w księgarni; 4. w sklepie mięsnym; 5. w aptece; 6. u jubilera; 7. w piekarni; 8. w galanterii skórzanej; 9. w sklepie odzieżowym; 10. u zegarmistrza; 11. w cukierni; 12. w sklepie papierniczym; 13. w warzywniaku; 14. w kwiaciarni; 15. w sklepie obuwniczym

10 1. odkurzacz; 2. toster; 3. pralka; 4. czajnik; 5. suszarka; 6. ekspres do kawy; 7. depilator; 8. robot kuchenny; 9. kuchenka; 10. prostownica; 11. kuchenka mikrofalowa; 12. żelazko; 13. radiomagnetofon/odtwarzacz CD; 14. zmywarka; 15. telewizor; 16. odtwarzacz DVD; 17. garnki; 18. lodówka

11 1. co→ kto; 2. skąd→ gdzie; 3. długi→ długo; 4. ile→ jak długi; 5. długo→ często; 6. gdzie→ dlaczego; 7. jak długo→ ile; 8. jak→ co; 9. gdzie→ skąd; 10. Jak→ Jaki

12 1. Telewizor, oglądania; 2. Żelazko, prasowania; 3. Kuchenka mikrofalowa / Mikrofalówka, podgrzewania; 4. Suszarka, suszenia; 5. Pralka, prania; 6. Kuchenka, gotowania; 7. Odkurzacz, odkurzania; 8. Zmywarka, mycia; 9. Ekspres, parzenia; 10. Robot kuchenny, miksowania; 11. Lodówka, chłodzenia; 12. Czajnik, gotowania

13 1. działać = funkcjonować; 2. działać = chodzić; 3. uszkodzić = zepsuć; 4. uszkodzić ≠ naprawić; 5. popsuć się = zepsuć się; 6. naprawić = zreperować; 7. włączyć ≠ wyłączyć; 8. zepsuty ≠ zreperowany

14 1. A; 2. C; 3. B; 4. D; 5. F; 6. E

15 1. byle co; 2. byle do wiosny; 3. byle jak; 4. byle kto; 5. byle gdzie; 6. byle mieć dach nad głową; 7. byle kim; 8. nie byle okazja

Lekcja_**21**

1 1. uśmiechnięty; 2. uczesana; 3. ukryty; 4. wypoczęte; 5. przywiezione; 6. zajęte; 7. związany; 8. odkurzony; 9. Wyprane; 10. ogłoszone

2 1. Na blogu Ewa pisze o lubianych przez siebie książkach.; 2. Nie lubię obrazu namalowanego przez mojego szwagra.; 3. Zrobił wywiad z profesorem lubianym przez wszystkich.; 4. Znalazłam czapkę zgubioną przez jakieś dziecko.; 5. Kupiłam książkę poleconą przez Krzysztofa Vargę.; 6. Słyszałam o restauracji otwartej przez prawdziwego Sycylijczyka.; 7. Idę na randkę z chłopakiem poznanym przez Internet.; 8. Odbiorę książki zamówione przez ciebie.; 9. Nie lubię pierogów robionych przez moją teściową. ;10. Rozmawiał z kobietą oszukaną przez pracownika banku.

3 1. złamaną; 2. niedokończonej; 3. uzupełnionym; 4. wydanym; 5. wymaganego; 6. zaoszczędzonymi; 7. zaufanemu; 8. podejmowane; 9. zaatakowanych; 10. pobitym; 11. skończoną; 12. Nieprzyjęci

4 1. Ten film został wyreżyserowany przez Polańskiego.; 2. Ten stół został zrobiony przez mojego tatę.; 3. To biurko zostało kupione przez Piotrka.; 4. Nowy serial został ściągnięty przez Michała.; 5. Groźny bandyta został zamknięty przez policję.; 6. Pensjonat został odziedziczony przez Łucję.; 7. Świadkowie są wypytywani przez policjanta.; 8. Pacjent jest badany przez lekarkę.; 9. Pisarz jest szpiegowany przez Różyczkę.; 10. Kraków jest opisany przez dziennikarza.; 11. Śmieci są segregowane przez wszystkich.; 12. Wypad na narty jest organizowany przez Tomka.

5 1. krępować, wstydliwy; 2. stresujące; 3. wstyd; 4. radosne; 5. skrępowana; 6. oburzające; 7. radości; 8. Oburzonych; 9. strach; 10. wstydzi

6 Spektakl: „Ogień uczuć"; Data i godzina spektaklu: 14.02. godz. 19:00; Imię: Zofia; Nazwisko: Ostrogórska; Ilość biletów: 2; Telefon: 605 973 749; E-mail: z_ostrogorska@poczta.pl; Miejscowość: Kraków; Płatność: przelew; Kwota: 150 zł; Rząd: 13; Miejsca: 19, 20

7 A: ściągają; muzykę; powstrzymać; sieci; łamią; przestępstwo; niewinni
B: muzykiem; powinienem; procederowi; z; czuję; powinna; jeśli; powinniśmy; ją
C: problem; warto; nie zdają sobie sprawy; darmowych; nadużycie; mieści im się w głowie; tłumaczyć; skutkiem; normalka; twierdzi
D: były; najbogatsi; je; wymyślił; cieszą; encyklopedie; powinny; sieci; darmowych; twórców; musimy; sztuki; odbiorców
E: jeździłem na gapę; ściągałem muzykę; braku dostępu; kasuję bilety; przy okazji; jedyna droga

Lekcja_**22**

1 1. najlepszego gimnazjum; 2. którym laboratorium; 3. kilku hospicjów; 4. różnych muzeach; 5. ogromne akwaria, terraria; 6. dwóch liceach; 7. kolejne centra handlowe; 8. naszych ambulatoriów

2 1. W tych gimnazjach uczyli się znani aktorzy.; 2. W waszych laboratoriach pracują wybitni fachowcy.; 3. Były problemy z wielkimi akwariami.; 4. Ich sklepy firmowe mają stoiska w centrach handlowych.; 5. Pacjenci mogą liczyć na pomoc hospicjów.; 6. Skradzione dzieła sztuki pochodzą ze znanych muzeów.

3 Akademię; obrazów; portret; obraz; karykatura; autoportret; abstrakcję; martwa natura; pejzażu

4 1. fascynuje; 2. urzekła; 3. niesłychanie; 4. marne; 5. niezrównana; 6. Urocze; 7. przeciętny; 8. zadziwia

5 A.
1. wartościach - miejscownik; 2. mnie - biernik; 3. rewelacji - dopełniacz; 4. kogoś - dopełniacz; 5. wrażeniem - narzędnik; 6. myślenia - dopełniacz; 7. swoim rodzaju - miejscownik; 8. końca - dopełniacz, mi - celownik
B.
1. ich - dopełniacz; 2. nam - celownik; 3. mnie - biernik; 4. niego - dopełniacz; 5. go - biernik; 6. ją - biernik; 7. niej - dopełniacz; 8. ich - biernik

6 1d; 2c; 3g; 4a; 5b; 6h; 7e; 8f

7 Angela: Naprawdę; wystawę; Rewelacyjna; praca
Mami: kiepska; artystów
Javier: pomysł; tradycyjną

8 1c - U; 2a - A; 3e - U; 4g - U; 5h - U; 6b - A; 7d - A; 8f - A

9 1. P; 2. N; 3. N; 4. P; 5. N; 6. P; 7. N; 8. N

10 1. numizmatyka; 2. ceramika; 3. rękodzieło; 4. rzeźba; 5. szkic; 6. militaria; 7. malarstwo; 8. plakat; 9. sztuka użytkowa

11 1. Andrzej jest lekarzem.; 2. Jego prace można obejrzeć w galerii „Nowa Sztuka".; 3. Nie, Andrzej nigdy nie uczył się sztuki malowania.; 4. Andrzej jest kardiochirurgiem.; 5. Malowanie stało się ucieczką od zawodowych stresów.; 6. Ordynator zirytował się na niego, kiedy Andrzej narysował coś na dokumentacji pacjenta.; 7. Andrzej kupił szkicownik.; 8. Malowanie na płótnie doradził mu pięcioletni syn.;

9. Andrzej ustawił sztalugi w pokoiku na poddaszu.; 10. Obraz wysłała żona.; 11. Andrzej nie był na własnym wernisażu, ponieważ w tym dniu wypadła nieplanowana operacja.

Lekcja_**23**

1 1. a; 2. b; 3. a; 4. b; 5. a; 6. b; 7. c; 8. b; 9. a; 10. c; 11. b; 12. c; 13. c; 14. a; 15. a; 16. b; 17. b; 18. c; 19. c; 20. a; 21. c; 22. a

2 1. obywatelstwo; 2. Żałuję; 3. Rząd, ósme; 4. boisko; 5. bezczelny; 6. pulpicie; 7. doświadczenie; 8. wywiad; 9. zapięcie, bezpieczeństwa; 10. ubolewania; 11. wzbronione; 12. wysiąść; 13. kłamca; 14. znicz; 15. opłatkiem; 16. schroniska; 17. cele; 18. wielbłądy; 19. Powinniście; 20. wszystko; 21. wątpliwości; 22. przeciętne

3 a) Za; na; na; z; ze; na; w; po
b) drugie; czyli; lub; lub; trzecie; tekstów; jest; a; które; lub; fragmentów; czy
c) własnego tekstu; wiedzą specjalistyczną; poprawność gramatyczna; egzaminach certyfikatowych; wylosowany temat; swojej opinii; płynność wypowiedzi

4 korzenie; najłatwiejsze; doskonale; pójdzie mi świetnie; Obawiam się; błędów; dalej; es z kreską; intuicyjnie; nauczycielka; przede wszystkim

5 Amerykaninem; noszę; wykształcenia; historykiem; piszę; upadku; Europie Środkowej; historią; sytuacją; świecie; naturę; moją drugą pasją; własnym domu; Czego; znoszę; marchewki

6 1. dopełniacz; 2. mianownik; 3. dopełniacz; 4. biernik; 5. biernik; 6. dopełniacz; 7. celownik; 8. dopełniacz; 9. miejscownik; 10. dopełniacz; 11. biernik; 12. dopełniacz

7 1. mógł; 2. wyszła; 3. oceniana; 4. dorzucone; 5. weszłaś; 6. Odejdź; 7. otworzona; 8. wyszedł; 9. ściągnęła; 10. przyszli; 11. pojadą; 12. przesiadła się

8 jak u Pana Boga za piecem; zakochał się po same uszy; spaść z nieba; zimny jak lód; mieć powyżej uszu; kłamstwo ma krótkie nogi; pod gołym niebem; rosnąć jak grzyby po deszczu; jeździć na gapę; trzymać kciuki

9 1. mnie; 2. nas; 3. mnie; 4. was; 5. nich; 6. ich; 7. mnie; 8. nich; 9. nich; 10. mi; 11. mi; 12. wam

10 nie uczę się dla ocen; dla siebie; same piątki; wzięli mnie na lody; komentowane krótko; szkolnym przyjacielem; szlaban na telewizję; kręciła głową; szkolne świadectwa; z góry na dół

Lekcja_01

3 D: Panie Pawle, czy mogę zadać panu kilka pytań?
P: Oczywiście, proszę bardzo.
4 D: Kim pan jest z zawodu?
P: Jestem dentystą. Pracuję w przychodni i mam też prywatny gabinet.
D: Czy lubi pan swoją pracę?
P: Tak, cieszy mnie, kiedy pacjenci po wizycie mają dobrze wyleczone i ładne zęby.
D: Jakie cechy swojego charakteru pan akceptuje, a jakie chciałby pan zmienić?
P: Jestem systematyczny i cierpliwy - to moje zalety. A wady? Chyba jestem zbyt nieśmiały, muszę nad tym popracować.
D: Czy może nam pan opowiedzieć coś o swojej rodzinie?
P: Jestem żonaty, mam jednego syna. Teraz żona jest w ciąży, ale nie wiemy jeszcze, czy to chłopiec, czy dziewczynka.
D: Gratuluję. A jak pan spędza wolny czas?
P: Nie mam zbyt dużo wolnego czasu. Kiedy nie pracuję, staram się być z rodziną. Pomagam żonie w domu, bawię się z synem. Wieczorami oglądam telewizję albo surfuję po Internecie.
D: Czy ma pan jakieś hobby?
P: Kiedyś pasjonowałem się łowieniem ryb. Mam nadzieję, że kiedy syn będzie starszy, będziemy razem jeździć na ryby. Teraz on woli grać w piłkę albo budować modele samolotów.
D: Czy mogę zapytać o marzenia?
P: Bardzo prozaiczne. Chciałbym mieć własny dom z ogrodem i dużego psa.

Lekcja_02

1 Filip: Czy 32 stopnie Celsjusza to normalna temperatura w Polsce? Przecież jestem na Mazurach, a nie w Tunezji!
Natalia: Filip, nie marudź! Szkoda czasu na gadanie. Idę popływać, idziesz ze mną?
Filip: Nie mam ochoty. Możesz iść beze mnie. Poza tym nie mam już kremu z filtrem i boję się, że słońce mnie poparzy.
Natalia: Możesz użyć mojego kremu. Stoi obok radia. Nie będziesz musiał bać się słońca. I nie narzekaj!
Filip: Ja nie narzekam, ja tylko nie znoszę, kiedy jest mi za gorąco.
Natalia: Tak? A pamiętasz, że kiedy skończyła się czerwcowa fala upałów i przez tydzień padał deszcz, to mówiłeś, że do życia potrzebujesz słońca i ciepła, i nie cierpisz, kiedy jest zimno, szaro i mokro…

4 POWÓDŹ TYSIĄCLECIA
Na początku lipca 1997 roku obfite opady deszczu spowodowały bardzo poważną i niebezpieczną powódź na terenie Polski, Czech, Słowacji, Niemiec i wschodniej Austrii. Była to największa powódź od stulecia i dlatego nazwano ją „Powodzią tysiąclecia". Spowodowała ona śmierć 114 osób i gigantyczne straty materialne w środkowej Europie. W Polsce w falach powodzi zginęło 56 osób, a szkody oszacowano na 12 miliardów złotych. W czasie powodzi wylały wody wielu rzek, między innymi: Odry, Wisły, Nysy i Łaby. Pierwsze wsie i miasteczka w Polsce zostały zalane już 6 lipca, kolejne dni przynosiły nowe straty. 10 lipca fala kulminacyjna przyszła do Opola, a 12 lipca do Wrocławia. To miasto najbardziej ucierpiało w czasie kataklizmu. W miejscach zagrożonych wodą ewakuowano mieszkańców, innym dostarczano żywność i wodę pitną. Cała Polska pomagała powodzianom, z całego kraju wysyłano dla nich dary: produkty spożywcze, lekarstwa, środki czystości, ciepłą odzież, koce. W wyniku „Powodzi tysiąclecia" ponad 7 tysięcy osób straciło dach nad głową. Wielu ludziom woda zabrała dorobek życia. Fala powodziowa zniszczyła ogromną ilość domów, szkół, dróg, mostów, torów kolejowych, a także pola uprawne.

Lekcja_03

5 A: Kino „Relax", słucham?
B: Dzień dobry. Mam pytanie. Czy osoba niepełnosprawna może bez problemu dostać się do sali kinowej?
A: Oczywiście, w budynku znajduje się winda.
B: W takim razie proszę dwa bilety, w tym jeden ulgowy. Czy jest zniżka dla opiekuna?
A: Niestety, nie ma. Musi pan kupić bilet normalny.
B: Do której godziny muszę odebrać bilety?
A: Rezerwacja automatycznie wygasa 30 minut przed seansem.

7 A: Dzień dobry. Chciałbym zarezerwować 5 biletów na „Hobbita".
B: Na kiedy?
A: Na sobotę po południu.
B: Który rząd?
A: Ostatni. Czy są miejsca w środku?
B: Niestety nie, są tylko z brzegu.
A: Do kiedy muszę odebrać bilety?
B: Rezerwacja wygasa 15 minut przed seansem.
A: Dziękuję, do widzenia.

8 a. Już jutro światowa premiera filmu „Hobbit - niezwykła podróż" Petera Jacksona. To pierwszy z trzech filmów zrealizowanych na podstawie klasycznej powieści fantasy J.R.R. Tolkiena. Na najnowszą adaptację nowozelandzkiego reżysera czekają miliony fanów na całym świecie.
b. W filmie pod tytułem „Mój rower" wystąpił obok zawodowych aktorów znany muzyk jazzowy, Michał Urbaniak, który gra jednego z głównych bohaterów. To historia trzech mężczyzn, pełne ciepła spojrzenie na łączące ich relacje. Obraz zdobył wiele nagród na różnych festiwalach filmowych.
c. Kultowy amerykański reżyser, Woody Allen, znów po obu stronach kamery. Oczywiście jak zawsze gwiazdorska obsada, m.in. Penelope Cruz. Nie jest to z pewnością arcydzieło światowej kinematografii, ale to niezwykle zabawna komedia dla wszystkich.
d. W najnowszym filmie o superagencie 007 w rolę Jamesa Bonda po raz kolejny wcielił się Daniel Craig. Akcja rozgrywa się w Stambule, Londynie i Szkocji. To prawdziwy przebój, obejrzało go rekordowo dużo widzów.

Lekcja_04

1 LEGENDA O POWSTANIU PAŃSTWA POLSKIEGO
Już dawno, dawno temu Słowianie mieszkali na tych terenach. Na czele słowiańskich rodów stali trzej bracia. Ich imiona to Lech, Czech i Rus. To byli mądrzy przywódcy i sprawili, że mieszkańcy byli coraz bogatsi, ale w końcu plemiona słowiańskie były tak duże, że brakowało jedzenia. Bracia postanowili, że poszukają nowych ziem. Oni, ich rodziny i przyjaciele pakowali się i modlili: „O, bogowie, pomóżcie nam!". Zostawili swoje stare domy i ruszyli w trzy strony świata: Czech poszedł na południe, Rus na wschód, a Lech na północ. Najpierw jechali rycerze Lecha, potem szli wędrowcy: kobiety, starcy i dzieci, na końcu konie i wojownicy. Niestety, podróżnicy mieli bardzo trudną drogę: szerokie rzeki, wielkie puszcze, atakujące wilki. Mijały dni, tygodnie, miesiące. Lech zobaczył, że jego ludzie są zmęczeni, więc powiedział, żeby rozbili namioty. Potem popatrzył wkoło. Zobaczył, że są tam jeziora, a w nich ryby, że są też lasy, zwierzęta, żyzne pola. Postanowił zostać. Wszyscy ucieszyli się, ale chcieli, żeby bogowie dali im jakieś znaki. Wtedy usłyszeli dziwne dźwięki. Podnieśli głowy, zobaczyli gniazdo, a w nim orła i dwa pisklęta. Orzeł rozłożył skrzydła i wyglądał tak wspaniale na tle wieczornego nieba, że zrozumieli: to znak, na który czekali.
W tym miejscu zbudowali miasto: Gniezno, a biały orzeł na czerwonym tle do dziś jest godłem Polski. A nazwa Polanie jest stąd, że potomkowie Lecha, aby zbudować nowe osiedla, musieli wycinać drzewa i w ten sposób tworzyli polany w lesie, na których potem budowali swoje miasta i wsie.

6 LISTONOSZ to zawód, w którym nie jest trudno znaleźć pracę. W mieście jako listonosze pracują i kobiety, i mężczyźni, ale na wsi są to głównie mężczyźni. Nie zarabiają dużo, ale nie muszą mieć specjalnych kwalifikacji, jak znajomość języków obcych, studia wyższe czy prawo jazdy. Powinni mieć dużo siły, żeby nosić ciężką torbę i dużo chodzić, nawet jeśli pogoda jest fatalna. Listonosze mają stałe godziny pracy, w dzisiejszych czasach to zaleta. Nie biorą też pracy do domu. Znają wielu ludzi ze swojego rejonu, dla emerytów często są jedynymi gośćmi. Ich praca raczej nie daje dużej satysfakcji, jest monotonna, zawsze w biegu.

7 Tragedia w górach.
Czterej polscy himalaiści stanęli na szczycie Broad Peak (8051 m n.p.m.). Szczyt ten zdobyli w latach 50-tych Austriacy, ale dopiero Polacy weszli na niego zimą. Wcześniej bezskutecznie próbowali Kanadyjczycy, Hiszpanie i Włosi. Niestety, podczas zejścia dwaj uczestnicy polskiej wyprawy zaginęli. Po trzech dniach organizatorzy i lekarze ekspedycji uznali ich za zmarłych. Doświadczeni wspinacze mówią: takie są góry.
Niezwykłe konklawe
Po rezygnacji Benedykta XVI kardynałowie zebrali się na konklawe. Wśród nich najliczniejsi byli Włosi, Amerykanie i Niemcy. Elektorzy wybrali na nowego papieża biskupa Buenos Aires. Pielgrzymi z całego świata czekali na biały dym na Placu św. Piotra, a potem długo wiwatowali, zwłaszcza Argentyńczycy i inni mieszkańcy Ameryki Południowej. Od nowego papieża katolicy oczekują zmian w Kościele.
Bieg Piastów
To największy masowy bieg narciarski w Polsce, w którym startują zarówno zawodowcy, jak i amatorzy. Co roku w pierwszy marcowy weekend przyjeżdżają do Szklarskiej Poręby narciarze z całej Europy. Tegoroczni zwycięzcy to Czesi, a w pierwszej dziesiątce znaleźli się też Niemcy i Polacy. Najstarsi biegacze mieli ponad 90 lat!

13 Tenis to dobry sport dla ludzi w różnym wieku. Można go uprawiać wewnątrz lub na wolnym powietrzu. Na środku jest siatka i piłka musi przejść na drugą stronę. Mężczyźni grają pięć setów, a kobiety trzy sety.
Hokej jest grany na lodzie lub na trawie. To forsowny sport. Zawodnicy mają specjalne ubrania i kaski ochronne. Potrzebne są dwie bramki, kije i krążek.
Boks to jeden z najstarszych sportów walki. Dwóch zawodników walczy jedynie przy użyciu pięści. Jest kilka kategorii wagowych, zawodnicy mają rękawice i kaski ochronne.

Lekcja_05

3 To dziecko jest bardzo wesołe. Myślę, że ono jest otwarte i spontaniczne. Jestem pewien, że jest delikatne i bardzo ufne. Pewnie, jak każde dziecko, jest niecierpliwe. Wydaje mi się, że jest albo będzie (bo nie wiem, czy teraz umie mówić) gadatliwe.

6 Pani Ela, ta która mieszka nad nami, jest już starszą osobą. To pogodna kobieta, zwykle uśmiechnięta, ciepła i bardzo serdeczna. Ma jeszcze jedną zaletę - jest gościnna. Zawsze można do niej wpaść na herbatkę i przepyszne ciasto, bo to znakomita gospodyni. Pani Ela lubi rozmawiać z ludźmi, ale nie jest, broń Boże, gadatliwa, ona raczej słucha innych. Wszyscy bardzo lubimy naszą panią Elę. Każdy może liczyć na jej pomoc, na dobrą radę. Pamiętam, że czasem zostawała z małą Karolinką, kiedy ta była chora. Była taka opiekuńcza.

Pan Robert to sąsiad z parteru. Cóż, niewiele o nim wiem. Jest kulturalny, grzecznie wita się ze wszystkimi. Jest uczynny, kiedyś pomógł mi wnieść ciężkie zakupy do mieszkania. Jednak tak naprawdę go nie znam, bo jest małomówny i chyba trochę nieśmiały w kontaktach z ludźmi. Chociaż z drugiej strony potrafi być zdecydowany. Niedawno widziałam, jak nie pozwolił młodym ludziom niszczyć zabawek na placu zabaw. To znaczy, że jest też odważny, bo on był jeden, a chłopców było trzech.

O pani Joli, sąsiadce z przeciwka, wolałabym nie rozmawiać. Ona jest, hm, trochę wścibska i bardzo gadatliwa, a ja nie lubię plotek. Nie przepadam też za ludźmi, którzy zawsze mają rację. A pani Jola to osoba, która zawsze wie wszystko najlepiej, na wszystkim się zna. Powiem wprost jest zarozumiała i antypatyczna.

Pan Piotr z mieszkania obok to młody człowiek, chyba jeszcze student. Jest sympatyczny, ale trochę roztrzepany. Często zapomina kluczy do bramy i wtedy dzwoni do nas. Kiedyś zgubił klucz do śmietnika. Powinien bardziej uważać. Trzeba jednak przyznać, że na komputerach zna się jak nikt inny i chętnie pomaga każdemu z komputerowymi problemami. Już dwa razy naprawił mój laptop!

Lekcja_06

3 1. - Czego zwykle używasz w czasie pracy?
- Jak wszyscy - przede wszystkim komputera. Do pracy potrzebuję też Internetu, bo moim głównym zadaniem jest mailowy kontakt z klientami naszej firmy.
2. - Z jakich programów komputerowych najczęściej korzystasz?
- Jestem uczennicą, więc najczęściej korzystam z edytora tekstu i programów do robienia prezentacji multimedialnych.
3. - Czego potrzebuje student do nauki języka polskiego?
- Przede wszystkim motywacji i dobrego nauczyciela! Reszta to dodatek.
4. - Czego zwykle szukasz w Internecie?
- Jak każdy – informacji. Szukam też dobrych ofert. Produktów, których nie mogę kupić. To bardzo ułatwia życie.
5. - Jakie zagrożenia niesie ze sobą Internet?
- Ludzie najczęściej boją się o dzieci, mówią o łatwym dostępie do niepożądanych treści, do pornografii. Zapominają, że często największym zagrożeniem jest to, że Internet wciąga, zabiera czas, wreszcie uzależnia.
6. - Czy dzieci powinny korzystać z Internetu samodzielnie?
- To zawsze jest problem. Wiem, że moje dzieci są rozsądne, ale wiem, że w Internecie przez przypadek można wejść na nieodpowiednie strony. Samodzielność może się źle skończyć.
7. Co sądzisz o blokowaniu stron przez rodziców i pracodawców?
Moi rodzice są okropni, zablokowali mi dostęp do części stron w Internecie. To bez sensu, jak będę chciał, to i tak pójdę do kolegi i wejdę na te strony.
8. Czy zakupy w sieci są bezpieczne?
Myślę, że tak, chociaż nigdy nie korzystam z tej możliwości. Produkty spożywcze wolę obejrzeć, ubrania przymierzyć. Jednym słowem jestem klientem, który chce wszystkiego dotknąć.
9. Co sądzisz na temat portali społecznościowych?
Według mnie te portale zmieniły naszą codzienność. Jedni mówią, że na plus. Inni, że na minus, ale wszyscy się zgadzają, że to rewolucja.

Lekcja_07

6 Nazywam się Joanna Łapińska. Mam średnie wykształcenie. Skończyłam technikum odzieżowe i zdałam maturę. Po maturze przez dwa lata pracowałam w sklepie z ubraniami. Potem zmieniłam pracę. Przez rok pracowałam w firmie produkcyjnej jako kontroler jakości. To znaczy, sprawdzam, czy uszyte ubrania są dobrej jakości, czy nie mają wad. Jeśli chodzi o komputer, to znam obsługę podstawowych programów. Nie jestem może w tym najlepsza, ale daję sobie radę. Poza tym szybko się uczę. Znam trochę język angielski. Jestem punktualna, pracowita i uczciwa.

7 Nazywam się Jerzy Kuc. Jestem inżynierem. Kiedy skończyłem politechnikę, przez trzy lata pracowałem w przedsiębiorstwie budowlanym. Znam bardzo dobrze obsługę komputera, systemy operacyjne Windows i Linux. Doskonale mówię po niemiecku i dobrze po angielsku. Jestem operatywny, ambitny i pomysłowy.

8 Nazywam się Ewa Szołdrzyńska. Z zawodu jestem ekonomistką. Skończyłam Finanse i Rachunkowość na Akademii Ekonomicznej. Przez pięć lat pracowałam jako główna księgowa w firmie usługowo-handlowej. Oczywiście znam dobrze obsługę komputera, zwłaszcza programów księgowych. Mówię świetnie po angielsku, bardzo dobrze po niemiecku i dobrze po włosku. Jestem odpowiedzialna i solidna.

Lekcja_08

1 Pełna wersja wywiadu:
AS: Porozmawiajmy o tym, co siostra robi w Krakowie. Czy może się siostra przedstawić?
DB: Nazywam się Danat Brysch. Jestem ze Stanów Zjednoczonych, urodziłam się w Teksasie, ale mam polskie korzenie. Moi przodkowie

pochodzili ze Śląska. Część z nich wyemigrowała do Ameryki w 1854 roku. Dostali ziemię na południu Teksasu i założyli pierwszą w Ameryce polską osadę z kościołem - Pannę Marię, a 25 lat później - Cestohowę. Ja pochodzę właśnie z Cestohowy. Jestem czwartym pokoleniem, które mieszka w Teksasie.
AS: Co siostra wie o swoich przodkach?
DB: Nie wiem dużo. Nie utrzymywaliśmy kontaktów z naszymi rodzinami w Polsce. Wiem, że do Teksasu przybyło trzech braci Bryś. Ojciec mówił, że mężczyźni nie chcieli pójść do pruskiego wojska - to była jedna z przyczyn emigracji.
AS: Bardzo jestem ciekawa: czy miała siostra problemy z powodu swojego nazwiska?
DB: Cały czas mam problemy! Amerykanie nie mogą się zdecydować, jak wymawiać „igrek" w moim nazwisku. Nasze nazwisko było pisane w ten sposób w dokumentach niemieckich, ale na starych pomnikach na cmentarzu ma pisownię „Bryś".
AS: A co sprawiło, że zaczęła siostra kurs języka polskiego w Krakowie?
DB: Uczę się polskiego, bo mamy kilkaset sióstr zakonnych w Polsce, to ważne, żeby mieć z nimi jak najlepszy kontakt. Poza tym kiedy człowiek uczy się języka, uczy się też kultury, a ja chcę wiedzieć więcej o kulturze kraju, z którego siostry pochodzą.
AS: Czy mogę zapytać, jak siostrze idzie nauka polskiego?
DB: Powoli i z trudnością. Język, którym mówię, jest mieszanką śląskiego dialektu (np. „rządzić" zamiast „mówić"), niemieckich słów (np. „knefliki" zamiast „guziki", „biglować" zamiast „prasować") i oczywiście angielskich słów („maczesy" zamiast „zapałki", „kar"zamiast „samochód", „piczesy" zamiast „brzoskwinie"). Ciekawostką jest to, że przed „o" dajemy „ł", np. „tokno", „łojciec", a nawet „łoryndże" zamiast „pomarańcze"! W domu rodzice i dziadkowie mówili w tym specjalnym teksańskim języku, ale moje pokolenie już mówiło głównie po angielsku. Można powiedzieć, że ten język umarł. Teraz, kiedy się uczę na kursie w Krakowie, najtrudniejsze są dla mnie przypadki, wydają mi się takie dziwne!
AS: À propos Krakowa: co siostrze najbardziej się tutaj podoba?
DB: Najbardziej podoba mi się Dom Prowincjalny, gdzie mieszkają siostry. Są tu też relikwie naszej fundatorki. Podoba mi się również Kaplica Zygmuntowska na Wawelu.
AS: Czy może siostra powiedzieć, jakie ma plany na najbliższy czas?
DB: Za trzy tygodnie odwiedzę siostry Felicjanki w Brazylii, potem wrócę do Rzymu, gdzie teraz mieszkam i będę się uczyć języka włoskiego.

Lekcja_09

8 Uwaga! Proszę przygotować się do kontroli bezpieczeństwa. Proszę zdjąć płaszcze, kurtki, marynarki i włożyć je do pojemników na taśmie. Proszę również zdjąć paski, zegarki, naszyjniki. Proszę wyjąć z bagażu podręcznego komputery i inne urządzenia elektroniczne. Płyny powyżej stu mililitrów proszę wrzucić do specjalnie przygotowanych koszy. Kosmetyki, lekarstwa, płyny poniżej stu mililitrów proszę wpakować do plastikowych, przezroczystych torebek.

9 Uwaga! Rozpoczynamy lądowanie, prosimy, żeby państwo wrócili na swoje miejsca. Proszę zapiąć pasy, złożyć stoliki, a fotele ustawić w pozycji pionowej. W czasie lądowania ze względów bezpieczeństwa toalety będą nieczynne, a światła wyłączone.

Proszę państwa, lądowanie przebiegło bez problemów. Prosimy o pozostanie na swoich miejscach do momentu wyłączenia sygnalizacji, że pasy powinny być zapięte. Przypominamy, że telefony nadal powinny pozostać wyłączone. Informujemy również, że na terenie lotniska, z wyjątkiem wyznaczonych miejsc, palenie jest zabronione.

Dziękujemy państwu za wspólny lot. Życzymy miłego pobytu w Rzymie. Zapraszamy do ponownego skorzystania z naszych usług. Z naszą ofertą można się zapoznać na stronie www.lot.pl.

10 a) Pasażerowie odlatujący do Frankfurtu nad Menem, proszeni są o przejście na terminal B, do bramki numer 15.
b) Pasażerowie oczekujący na opóźniony samolot do Kairu, proszeni są o zgłoszenie się do restauracji na poziomie plus jeden, po odbiór voucherów na posiłek.
c) Uwaga! Pan Jarosław Potocki, powtarzam: pan Jarosław Potocki, proszony jest o zgłoszenie się do odprawy paszportowej.
d) Uwaga! Pasażerowie proszeni są o niepozostawianie bagażu bez opieki nigdzie na terenie lotniska.
e) Uwaga! Przypominamy, że palenie na terenie lotniska poza wyznaczonymi miejscami jest niedozwolone.
f) Uwaga! Przed przejściem do kontroli bezpieczeństwa, prosimy pasażerów o zapoznanie się z listą przedmiotów, których nie wolno zabierać na pokład samolotu.

Lekcja_10

9 Kaszuby to region kulturowy w północnej Polsce.
Suwalszczyzna jako kraina historyczna leży na terenie północno-wschodniej Polski i zachodniej Litwy.
Tatry - najwyższe pasmo Karpat, z czego ok. 25% należy do Polski, a ok. 75% do Słowacji.
Kazimierz Dolny - miasto nad Wisłą.
Bieszczady znajdują się na terenie południowo-wschodniej Polski, Ukrainy i Słowacji.
Sudety to łańcuch górski na obszarze południowo-zachodniej Polski i północnych Czech.

Lekcja_11

4 Kończą się zajęcia, studenci wychodzą z sali i rozchodzą się do domów. Javier i Uwe jeszcze siedzą w środku i rozmawiają, ale też wyjdą za moment. Angela i Mami planują pójść na spacer na Kopiec Kościuszki, ale najpierw wchodzą na moment do biblioteki. Pożyczają książki i wychodzą na korytarz. Przechodzą przez hall i schodzą po schodach. Na dole widzą znajomych, podchodzą do nich na moment, ale zaraz muszą iść na tramwaj. Wychodzą ze szkoły, obchodzą źle zaparkowane auto i przechodzą na drugą stronę ulicy. Tam dochodzą do przystanku i sprawdzają, który tramwaj jedzie na Kopiec. Tramwaj zaraz przyjedzie, ale dziewczyny nie są pewne, czy chcą jeszcze jechać na spacer. Dlaczego? Bo zrobiło się ciemno i zimno, chyba właśnie nadchodzi burza.

8
1.
A: Dlaczego te drzwi są zamknięte?
B: Jest mały remont. Te obok są otwarte. Proszę wejść tamtędy.
2.
A: Przepraszam, czy mogę tędy przejść?
B: Niestety nie. To teren budowy.
3.
A: Co robisz? Nie widzisz tabliczki? Nie można schodzić ze ścieżki!
B: Widzę, ale jestem zmęczony i chcę na moment usiąść na trawie.
A: To Tatrzański Park Narodowy, możesz zapłacić mandat za nieprzestrzeganie przepisów.
4.
A: Proszę pana! Tu nie wolno wchodzić!
B: Przecież są drzwi.
A: Tak, ale tylko dla osób zatrudnionych.
5.
A: Przepraszam, jak dojść do dworca?
B: Musi pan zejść tymi schodami, pójść na prawo i wyjść po drugiej stronie.
6.
A: Dlaczego te drzwi są zablokowane?
B: No wie pan, żeby nikt nie wszedł z ulicy.
A: Czy pan zwariował? Przecież to jest droga ewakuacyjna. Proszę natychmiast odblokować te drzwi!
B: Naturalnie, panie dyrektorze.
7.
A: Znowu remont! Pół ulicy rozkopane! Jak ja teraz dojdę do przychodni?!
B: Proszę się nie denerwować. Widzi pan, jest tabliczka, jak dojść.
8.
A: Ja chyba nie pójdę na szczyt.
B: Dlaczego?
A: Popatrz na znak. Będzie ostro do góry, a ja mam kiepskie buty.
9.
A: Tu nie wolno przechodzić! Chce pan zapłacić mandat?
B: O, przepraszam. Nie widziałem nigdzie pasów.
A: Są tam.
10.
A: Chodzimy po tym sklepie już od godziny, obejrzeliśmy meble, akcesoria do kuchni, sypialni i łazienki. Mam dość, chcę do domu.
B: Nie denerwuj się! To taki sklep, że trzeba obejść wszystko dookoła, zanim się wyjdzie.
A: To niemożliwe! Gdzie są drzwi prowadzące na zewnątrz?

10
Karol: Dobry wieczór, szukamy noclegu. Czy są u pani wolne pokoje?
Gospodyni: Wszystko zajęte. Sezon już się zaczął na dobre. Spytajcie u sąsiada.
Karol: Już byliśmy. Też nie ma miejsca.
Gospodyni: A u sołtysa sprawdziliście? On też wynajmuje.
Karol: Obeszliśmy już całą wieś. Nigdzie nie ma wolnych kwater. Pani była naszą ostatnią nadzieją.
Gospodyni: I co wy teraz zrobicie? Zaprosiłabym was do stodoły na siano, ale po tych powodziach, to nawet siana nie ma. A do schroniska nie dojdziecie, bo już się ciemno robi.
Karol: My w schronisku już byliśmy, powiedzieli nam, że nie ma miejsc i kazali zejść do wsi.
Gospodyni: No coś takiego!

Lekcja_**12**

5 Proszę jechać ulicą Warszawską, dojechać do drugiego skrzyżowania ze światłami i skręcić w lewo. Następnie dojechać do Placu Wolności, objechać plac i jechać dalej prosto. Potem proszę przejechać przez most i wyjechać z miasta. Po dwóch kilometrach proszę skręcić w prawo i wjechać na obwodnicę. Po dwudziestu kilometrach proszę zjechać z obwodnicy.

13 A. Dobre opony są bardzo ważne dla bezpieczeństwa. W krajach takich jak Polska zmieniamy je jesienią na zimowe i wiosną na letnie.
B. Jest tylko na niektórych stacjach. Ułatwia posprzątanie wnętrza samochodu.
C. Na stacji samoobsługowej tankujemy sami, a potem, kiedy płacimy przy kasie za benzynę, podajemy jego numer.
D. Są na nich oznaczenia rodzaju paliwa, czyli jaki rodzaj benzyny czy oleju napędowego będziemy wlewać do baku.
E. Ułatwia on usuwanie brudu z szyb przy pomocy wycieraczek. Są dwie wersje: letnia oraz zimowa, która zawiera więcej alkoholu.
F. To miejsce, w którym możemy umyć samochód, ręcznie lub automatycznie.
G. Podjeżdżamy tam, żeby zatankować samochód, ale też żeby odpocząć, napić się kawy, zrobić zakupy czy napompować koła.

15 1. Kierowcy zostawiają auta na przedmieściach i dojeżdżają do centrum komunikacją zbiorową.

2. Dokument potwierdzający uprawnienia jego posiadacza do prowadzenia pojazdów silnikowych.
3. Chroni dziecko, pasażera samochodu, przed skutkami gwałtownego hamowania lub zderzenia.
4. Unikatowy numer (kombinacja liter i cyfr) umożliwiający identyfikację pojazdów.
5. Formacja mundurowa odpowiedzialna za ochronę porządku publicznego i bezpieczeństwa ludzi.
6. Element systemu bezpieczeństwa w samochodzie, chroni przed uderzeniem w momencie zderzenia.
7. Miejsce na drodze, gdzie dochodzi do wielu wypadków, oznaczane specjalnymi znakami drogowymi lub tablicami informacyjnymi.

Lekcja_**13**

2 Zofia jest dość niska i korpulentna. Wygląda na starszą niż jest, bo ma siwe włosy i ubiera się staromodnie. Poza tym miała bardzo ciężkie życie. Jej mąż Jan, chociaż wygląda na sympatycznego starszego pana, nie raz ją uderzył. Zofia nikomu o tym nie mówiła, bo jak większość ofiar przemocy domowej bardzo się tego wstydziła. W dodatku Jan stracił pracę, jest bardzo sfrustrowany i zły na cały świat. Kiedy Jan robił karierę, Zofia wychowywała trzech synów: Stefana, Pawła i Marcina. Wszyscy trzej się ożenili, ale Stefan niedawno stracił żonę w wypadku i wciąż nie może się z tym pogodzić. Na szczęście nie zamknął się w sobie: czasem rozmawia ze swoim szwagrem, który jest księdzem. Ksiądz Piotr związany jest z rodziną Zofii podwójnie: jego druga siostra, Anna, wyszła za mąż za młodszego syna Zofii, Pawła. Niestety, Paweł miał wypadek na nartach: uderzył w niego inny narciarz, obaj nie mieli kasków. Mimo, że jeździ na wózku inwalidzkim, próbuje żyć normalnie. Dla Anny śmierć siostry i wypadek męża to było za dużo. Cierpi na depresję, ale nikt z bliskich tego nie widzi. Najmłodszy syn Zofii, Marcin, nie znalazł szczęścia w małżeństwie. Zdradził swoją żonę, Ewę, z jej najlepszą przyjaciółką. Chce rozwieść, chociaż mają z Ewą małe dzieci. Czy taka kumulacja nieszczęść w jednej rodzinie jest możliwa?

4 Javier: Mami, co ci jest?
Mami: Smutno mi. Oglądałam strasznie dołujący film: pewna rodzina spotyka się w Wigilię i opowiada sobie, co wydarzyło im się przez ten rok. Same tragedie! Śmierć bliskiej osoby, przemoc domowa, nieuleczalna choroba, rozwód...
Javier: Mami, to tylko film. Owszem, w życiu każdego człowieka są trudne chwile, ale zawsze po burzy wychodzi słońce, pamiętaj o tym.
Mami: No i jeszcze wprowadzili się nowi sąsiedzi. Mają małego synka, który jest niepełnosprawny. Wyobrażasz sobie, ile ten mały już przecierpiał? Czuję się taka bezradna, chciałabym jakoś pomóc, ale nie wiem jak.
Javier: A myślałaś kiedyś o wolontariacie? Masz trochę czasu, chcesz pomagać innym, mówisz już po polsku wystarczająco dobrze. Poznałem kiedyś dziewczynę, Kasię, która pracowała w takiej fundacji. Spróbuję znaleźć do niej kontakt.

Lekcja_**14**

3 Cmentarz Salwatorski to niewielka, ale ważna nekropolia Krakowa. Położona jest w malowniczym zakątku, niemal u stóp Kopca Kościuszki, przy popularnej wśród Krakowian alei spacerowej. Przepiękne usytuowanie i roztaczająca się stąd panorama na miasto, okolice, a przy dobrej pogodzie nawet na tatrzańskie szczyty, sprawiły, że cmentarz stał się miejscem ostatniego spoczynku wielu krakowskich artystów, pisarzy, naukowców. Lista sławnych nazwisk jest długa. Wśród nich wyróżnia się nazwisko Stanisława Lema - jednego z najbardziej znanych pisarzy polskich.

4 Mami: O, jaka przejmująca rzeźba! Bosy chłopiec w szkolnym mundurku siedzący w ławce nad otwartą książką. Obok niego krzyż.
Karol: To Chłopiec z „Umarłej klasy".
Mami: Nie rozumiem.
Karol: To dzieło Tadeusza Kantora – reżysera, scenografa, malarza i plastyka. Ta kompozycja nawiązuje do jego najważniejszego spektaklu „Umarła klasa".
Mami: Kantor! Twórca Teatru Cricot 2. Uczyłam się o nim. Czy to jego grób?
Karol: Tak. Jego i jego matki. To właśnie na jej grobie artysta ustawił tę rzeźbę.

9 Prawdę mówiąc niewiele wiedziałem o polskiej historii. Uczyłem się języka ze względu na rodzinę żony, ale nie za bardzo interesowałem się przeszłością kraju. To się zmieniło ostatnio. Obejrzałem dwa filmy: „Czarny czwartek. Janek Wiśniewski padł" w reżyserii Antoniego Krauze oraz „Wałęsa. Człowiek z nadziei" Andrzeja Wajdy. Zobaczyłem fragment peerelowskiej rzeczywistości. Czarne momenty z grudnia 1970 roku. Bezwzględność władzy, która każe strzelać do robotników. Potem zdarzenia z sierpnia 1980, grudnia 1981. Strajki w Stoczni Gdańskiej. Zrozumiałem fenomen siły, która tkwi w solidarności ludzkiej.

16 Nie powiedziałem im wszystkiego, bo nie chciałem się przed nimi tłumaczyć. Ale przed tobą nie chcę niczego ukrywać. Zrobiłem coś wbrew sobie. Niech to zostanie między nami! Wiesz ja w czasie demonstracji zostałem aresztowany. Bardzo się bałem o siebie, o ciebie, o nas. Na komisariacie widziałem straszne rzeczy. Kiedy dali mi papier do podpisania i obiecali, że mnie wypuszczą, podpisałem. Zrobiłem to dla ciebie! Nie chciałem, żebyś została sama z dziećmi. Ty teraz masz pretensje do mnie, ale przecież ja wtedy martwiłem o ciebie! To nieprawda, że jestem agentem. Nie szpieguję nikogo! Nie donoszę na nikogo! Chciałbym, żebyś dalej wierzyła we mnie, żebyś wierzyła, że nie zrobiłem nic złego.

Lekcja_**15**

6 Steve, USA: Od pięciu lat spędzam święta Bożego Narodzenia z rodziną mojej żony w Polsce. Dla mnie największa różnica pomiędzy Polską a Stanami to Wigilia. Opłatek to było coś nowego. I cała „procedura", to znaczy, że ma być 12 potraw, a potem kolejność: to musi być pierwsze, a to następne. Osobiście nie przepadam za wigilijnymi potrawami, szczególnie nie lubię karpia. Tak naprawdę najbardziej smakuje mi piernik, takie specjalne ciasto, które robi ciocia Iza. Wigilię spędzałem oczywiście z rodziną, ale nie było takich reguł. W Stanach to Boże Narodzenie jest najważniejsze. U nas Wigilia to był czas z rodziną matki, a Boże Narodzenie z rodziną ojca. Kiedy byliśmy mali to prezenty były ważne, nie kolacja. W dodatku były dwa razy! Zawsze wiedzieliśmy, co dostaniemy od mamy i babci, ale na następny dzień to były niespodzianki - prezenty od „świętego Mikołaja". Mój najlepszy prezent? Nie pamiętam, ale pewnie jakiś samochód elektroniczny. Moja rodzina nie jest religijna, ale pamiętam, że kiedy miałem 8, 9 lat to pojechaliśmy do kościoła, bo był koncert kolęd. W ogóle to w Montanie, tam, gdzie mieszkałem, pogoda jest podobna jak tutaj, tylko jest więcej śniegu. Tu ostatnio święta są deszczowe.

7 Każdego lata - siódmego lipca - Japończycy obchodzą romantyczne Święto Gwiazd *(Tanabata)*. Uroczystość ta wywodzi się z legendy o parze zakochanych gwiazd: Prządce i Pasterzu. Zostali oni rozdzieleni i mieszkają teraz po przeciwnych stronach Drogi Mlecznej. Mogą się spotkać tylko jeden raz w roku: siódmego dnia siódmego miesiąca.
W ten dzień dekoruje się domy i mieszkania bambusowymi gałązkami, do których przywiązuje się paski kolorowego papieru z wypisanymi życzeniami. Mówi się, że życzenia powinny mieć formę poematu zapisanego pismem kaligraficznym. Takie życzenia zawisają się na gałązkach w pierwszych dniach lipca, a w dniu święta puszcza się je z nurtem rzeki, żeby mogły się spełnić. Święto Gwiazd jest dniem wyjątkowym, pełnym optymizmu i nadziei na spełnienie życzeń czy marzeń.

8 Halloween obchodzi się nocą 31 października, czyli przed Dniem Wszystkich Świętych, przede wszystkim w Stanach Zjednoczonych, Kanadzie i Wielkiej Brytanii. Głównym symbolem tego święta jest świecąca dynia z wyszczerzonymi zębami. W Halloween przebiera się za potwory: wampiry, duchy, czarownice, różne postacie telewizyjne i organizuje się pochody przez ulice miast. Popularna zabawa to „cukierek albo psikus" (trick or treat): chodzi się po okolicy i odwiedza się sąsiadów. Gdy nie dostaje się cukierka, robi się „psikusa". Wiele elementów tej tradycji widzi się w kulturze popularnej, głównie amerykańskiej.

9 Steve, USA: Jak już mówiłem, moja amerykańska rodzina nie jest religijna, więc w Wielkanoc ten aspekt nie jest dla nas ważny. Inaczej niż tutaj, w Polsce. Ale mam wrażenie, że rodzina mojej żony jest bardziej tradycyjna niż religijna.
Zawsze wspominają swoje święta z dzieciństwa i chcą, żeby było podobnie „jak u babci". Lubię Wielką Sobotę, kiedy święcimy pokarmy w kościele. Co roku jest zamieszanie i to samo pytanie: „do której ksiądz święci?". W kościele razem z moim synem Antonim oglądam grób Pana Jezusa. Dla mnie to egzotyczne, a dla niego interesujące, bo chce zostać strażakiem, a to właśnie miejscowi strażacy trzymają wartę przy grobie. W Stanach dla dzieci najważniejszy jest zając, który przynosi małe prezenty, np. słodycze. Szukamy też jajek czekoladowych i ten zwyczaj chciałem tu wprowadzić, zwłaszcza, że mieszkamy na wsi. Niestety, mój teść źle mnie zrozumiał i wszystkie jajka schował pod jednym drzewem. Do dziś to świąteczna anegdota. Jako dziecko oczywiście też malowałem pisanki, ale nigdy nie farbowałem ich w łupinach cebuli, pierwszy raz widziałem to tutaj. Podobnie jak lany poniedziałek. Bardzo się zdziwiłem parę lat temu, kiedy zostałem kilka razy oblany wodą, ale nikt mi nie wyjaśnił o co chodzi. Teraz mamy rywalizację: kto pierwszy wstanie i zrobi reszcie rodziny śmigus-dyngus, ja czy Antek? Na Wielkanoc lubię wszystko, tylko nie zimne nóżki. Sałatka jarzynowa jest super, żurek, kiełbasy i szynki, nawet świeży chrzan, ale zimne nóżki zdecydowanie nie.

Lekcja_**16**

9 Robiło się coraz później i coraz zimniej. Angela była coraz bledsza, Mami coraz bardziej wystraszona, a ja coraz mniej spokojny. Uwe ciągle nie dawał znaku życia. Nagle, gdzieś niedaleko, coś groźnie zaryczało. „To chyba niedźwiedź" - pomyślałem przerażony. Po chwili usłyszeliśmy hałas w pobliżu i na ścieżce pojawiło się jakieś wielkie zwierzę. „To jeleń!" - odetchnęliśmy z ulgą. Nawet Mami, zafascynowana widokiem jelenia, zapomniała o strachu. Zwierzę stało przez chwilę spokojnie, potem zaryczało donośnie i odeszło w swoją stronę. Wkrótce od strony schroniska nadeszli jacyś ludzie, to Uwe sprowadził pomoc.

15 Wczoraj po południu byłem świadkiem wypadku. Wracałem właśnie z pracy, miałem zamiar przejść przez skrzyżowanie. Zanim doszedłem do pasów, zauważyłem, że do skrzyżowania zbliżały się trzy pojazdy. Z lewej strony nadjeżdżała ciężarówka, z prawej jechał rower, a z dołu samochód osobowy. Nagle na środek skrzyżowania wbiegło dziecko. Ciężarówka ostro zahamowała, aż z przyczepy pospadały skrzynki. Samochód osobowy, który w tym momencie dojechał do skrzyżowania, nie zdążył się już zatrzymać. Kierowca chciał ominąć dziecko, ale po prawej miał rowerzystę. Spróbował wykonać jeszcze jeden manewr, wtedy rowerzysta przewrócił się i zablokował mu drogę. Samochód nie miał jak zjechać ze skrzyżowania i uderzył w słup. Usłyszałem głośny huk i zobaczyłem, że przód auta jest rozbity. Natychmiast zadzwoniłem po pogotowie i po policję, i naturalnie pobiegłem w stronę samochodu. Na szczęście w chwili zderzenia auto miało już niedużą prędkość, więc kierowcy nic się nie stało. Tylko przerażone dziecko stało na środku jezdni i płakało.

Lekcja_**17**

7 A. Krystyna: Najbardziej oburzało mnie to, że moje prywatne listy zawsze przychodziły otwarte i ocenzurowane. Dlaczego obcy człowiek miał prawo czytać sobie o moich prywatnych sprawach? Dlaczego mógł wymazywać to, co mu się nie spodobało?

B. Susan: Jestem Angielką. Kiedy w Polsce ogłoszono stan wojenny, ja byłam studentką. Pamiętam, że zorganizowaliśmy akcję w ramach solidarności z represjonowanymi Polakami. W umówionym dniu niemal we wszystkich oknach naszego domu studenckiego zapaliły się świece.

C. Jurek: Wie pan, co to była bibuła? Tak nazywaliśmy nielegalne ulotki, gazetki, odezwy wzywające do manifestacji. To nie były czasy komputerów i drukarek, to trzeba było pisać na maszynie do pisania, zaledwie w kilku kopiach na raz. Potem w „podziemiu" pojawiły się nielegalne powielacze i w tak zwanym drugim obiegu mogły być drukowane większe rzeczy - nawet zakazana literatura.

D. Czesław: W 81 pierwszym mieszkałem w Nowej Hucie - mieście zbudowanym specjalnie dla robotników. Czy wie pan, czym miała być Nowa Huta? Wzorcowym, socjalistycznym miastem bez Boga, chlubą komunistów. Tylko że nam, robotnikom, nie żyło się tam jak w raju. Nie raz protestowaliśmy. Pamiętam wtedy w grudniu, też wyszliśmy na ulicę. Szliśmy i śpiewaliśmy Rotę „Tak nam dopomóż Bóg", potem skandowaliśmy „de-mon-stra-cja po-ko-jo-wa" i zaraz usłyszeliśmy pierwsze strzały. ZOMO brutalnie zaatakowało tłum. Zaczęły się uliczne walki.

E. Małgorzata: Było zimowe popołudnie, mama wzięła mnie i młodszego brata na spacer w lesie. W lesie było pusto. Na górce, z której zjeżdżałam na sankach, nie było innych dzieci. Nagle, nie wiadomo skąd, pojawił się patrol wojskowy. Żołnierze denerwowali się, że mama nie ma dokumentów, szukali czegoś w wózku brata. Krzyczeli, chcieli nas zabrać na posterunek.

Lekcja_**18**

2 Lis był bardzo głodny, bo cały dzień nic nie jadł. Podniósł głowę do góry i spojrzał na drzewo. Na gałęzi siedział kruk z kawałkiem sera w dziobie. Lis zaczął chwalić kruka.
-„Jakie masz piękne oczy, jakie błyszczące pióra!"
Kruk był bardzo zadowolony z pochwał. W końcu lis zapytał, czy kruk ma równie piękny głos. Kruk otworzył dziób, żeby zaśpiewać. Ser wypadł mu z dzioba, a lis go porwał i uciekł.
Jaki morał z tej bajki ? „Bywa często zwiedzionym, kto lubi być chwalonym".

12 Karol: Mami, opowiedz nam coś jeszcze o chińskim horoskopie.
Mami: No dobrze. Mówi się, że ludzie urodzeni w roku Tygrysa zawsze, jak koty, spadają „na cztery łapy", a ci z roku Szczura muszą uważać, żeby nie wpaść w jakąś pułapkę.
Karol: Czytałem, że zanim Chińczyk podejmie decyzję o ślubie, sprawdza, w jakim roku urodziła się jego przyszła żona.
Mami: To prawda. Chińczycy bardzo mocno wierzą we wpływ zwierzęcia roku na charakter danej osoby. Uważa się na przykład, że kobiety urodzone w roku Konia są nieposłuszne i uparte. Od razu mają mniejsze szanse, żeby wyjść za mąż!

13 1. Niektórzy uważają to za bezsensowną i okrutną rozrywkę dla tłumu polegającą na torturowaniu zwierzęcia. Dla mnie to wyjątkowa tradycja łącząca choreografię, kostium i muzykę.
2. Raz tylko byłam w takim miejscu, nie mogłam znieść widoku setki zwierząt, w których oczach widziałam: „weź MNIE"...
3. Nigdy nie ubrałabym czegoś takiego! Są przecież równie piękne sztuczne, nie okupione cierpieniem zwierząt.
4. Jest dla osoby niewidomej cenną pomocą rehabilitacyjną i wiernym przyjacielem. Pozwala na bezpieczne poruszanie się w terenie, poza tym oddziałuje pozytywnie na psychikę.
5. Jestem wolontariuszem międzynarodowej organizacji działającej na rzecz ochrony środowiska. Kiedy ostatnia rzeka zostanie zatruta i zginie ostatnia ryba, odkryjemy, że nie można jeść pieniędzy.
6. Mamo, jaki wielki namiot! O, a na plakacie jest foka z piłką na nosie i lew z otwartą paszczą! Chodźmy tam, proszę, chcę zobaczyć!
7. Rzadko podpisuję listy protestacyjne, ale ten temat mnie naprawdę zbulwersował. Ptaki trzymane są po kilka sztuk w ciasnych metalowych klatkach, w których nie mają możliwości ruchu. Nie kupuję też już jajek z „trójką".
8. Zawsze sprawdzam na kosmetykach czy środkach chemicznych, czy jest ta informacja. Jeśli nie - dziękuję - nie kupuję. Skoro mam wybór, chcę być świadomym i odpowiedzialnym konsumentem.

Lekcja_**19**

1 1. To styl prowadzenia samochodu, dzięki któremu można obniżyć zużycie paliwa nawet o jedną czwartą. Zyskuje też środowisko, bo zmniejsza się ilość dwutlenku węgla w powietrzu.
2. Zalecenie Unii Europejskiej w ich sprawie jest dyskusyjne. Zużywają wprawdzie mniej energii i nie emitują tyle ciepła, ale są droższe, wytwarzają pole elektromagnetyczne oraz zawierają rtęć, której utylizacja daleka jest od ekologii.
3. Mieszkając we własnym domu zużywamy dosyć dużo wody. Zanim woda do nas trafi, jest uzdatniana do picia, a odprowadzenie ścieków też kosztuje. Do podlewania ogrodu warto więc wykorzystywać wodę deszczową. Jest zdrowsza dla ogrodowej flory, no i za darmo!
4. Mogą być naturalne, organiczne, mineralne, azotowe. Nadużywanie tych sztucznych może być szkodliwe dla środowiska oraz zdrowia ludzi i zwierząt.
5. Jest to popularna metoda walki ze śniegiem i lodem. Niestety, przy okazji niszczy buty, rani psie łapy, ma negatywny wpływ na roślinność. Alternatywa to piasek i popiół.

3 Łucja: Gospodarstwo agroturystyczne „Oaza", w czym mogę pomóc?
Grzegorz: Dzień dobry. Mówi Grzegorz Maj. Szukam miejsca na weekendowy wypad narciarski dla pięciu osób. Kiedy mają państwo wolne pokoje?
Łucja: Proszę poczekać, sprawdzę. Za dwa tygodnie będę miała 3 wolne pokoje. Niestety, osoba, która będzie sama, musi zapłacić za puste łóżko połową normalnej ceny.
Grzegorz: Oczywiście, rozumiem, to przecież sezon. Czy oferują państwo też śniadania?
Łucja: Rodzaj wyżywienia zależy od państwa: może być całodzienne lub tylko

śniadania, jest też możliwość samodzielnego przygotowywania posiłków w kuchni dla gości.

Grzegorz: Świetnie! A jak daleko od państwa pensjonatu jest do wyciągu narciarskiego w Wierchomli Wielkiej?

Łucja: Około 3 kilometrów. Przy stacji narciarskiej jest duży bezpłatny parking.

Grzegorz: A co z dostępem do sieci?

Łucja: Na terenie całego pensjonatu działa bezprzewodowy internet.

4 A. Izabela, sekretarka: Żeby dbać o środowisko nie trzeba dużo. Wystarczy wyłączać urządzenia, kiedy ich już nie używamy, drukować dwustronnie lub na makulaturze, zgniatać butelki przed wyrzuceniem, używać swoich kubków i sztućców zamiast plastikowych. Ja to robię automatycznie, ale większość moich współpracowników nie zwraca na to żadnej uwagi. Nie mogę też patrzeć na sterty opakowań po jedzeniu na wynos!

B. Edmund, grafik: Najchętniej codziennie jeździłbym do pracy rowerem, ale czasem mam spotkania poza firmą i potrzebuję samochodu. Ale odkryłem, że można być ekologicznym kierowcą! Staram się jeździć płynnie, nie wozić niepotrzebnego bagażu i nie używać zbyt często klimatyzacji. Demontuję bagażnik na rowery, jeśli go nie potrzebuję i wyłączam silnik, jeśli na kogoś czekam. W ten sposób oszczędzam benzynę i dbam o środowisko. A moje marzenie to auto elektryczne!

Lekcja_**20**

6 A.
W naszym domu ciągle był ten sam problem - kupowało się za dużo wszystkiego. Jak już rodzinka się raz na dwa tygodnie wybrała do supermarketu, to każdy zapełniał koszyk mnóstwem produktów. Dodatkowo kusiły wszelkie promocje i w koszyku lądowały kolejne nieprzemyślane zakupy. Część artykułów spożywczych miała krótkie daty ważności i niestety połowa z tego się marnowała. Zawsze mnie to oburzało i dlatego ja w swoim domu staram się planować zakupy tak, żeby niczego nie marnować.
B.
Co za czasy, proszę pani. Dawniej jak człowiek coś miał, to to szanował, żeby służyło mu jak najdłużej. Dziś liczy się tylko, żeby ciągle mieć coś nowego. Mój wnuk co roku zmienia komórkę, a starą przynosi mnie z pytaniem, czy czasem nie chcę nowszego modelu.
C.
Moje koleżanki ze studiów chodzą wyłącznie w markowych ciuchach i muszą mieć wszystko nowe. Ja lubię styl vintage: swoje ubrania często przerabiam lub szukam inspiracji w sklepach z tanią odzieżą.
D.
W krakowskich centrach handlowych odbyło się wiele happeningów związanych z przypadającym dzisiaj, tj.26 listopada, Dniem Bez Zakupów. Jestem właśnie pod Galerią Krakowską, gdzie młodzi ludzie w symbolicznych reklamówkach na głowach, próbują przekonać przechodniów, by dziś powstrzymali się od kupowania. Kolorowy tłum przyciąga wzrok. Przechodzący chętnie się zatrzymują, z zainteresowaniem czytają wypisane na tablicach hasła, po czym omijając plakat z sugestywnie przekreślonym koszykiem z supermarketu… idą na zakupy.
Z Krakowa dla Wiadomości - Łukasz Międzyrzecki.
E.
Mam wrażenie, że winę za większość naszych nieprzemyślanych zakupów ponoszą promocje. Sama niejeden raz dawałam się skusić i wracałam do domu z czymś, czego absolutnie nie potrzebowałam. Odkąd zaczęłam robić zakupy przez Internet, kupuję tylko to, co sobie wcześniej zaplanowałam. A pieniądze nie rozchodzą mi się tak szybko. Jednym słowem: uwaga na promocje!

8 Pani Helenka ma dziś mnóstwo spraw do załatwienia. W sobotę będą 64 urodziny jej męża. Musi mu kupić jakiś specjalny prezent - może skórzany portfel albo rękawiczki. Przydałby mu się też nowy krawat i elegancka koszula. Ona także chciałaby ładnie wyglądać na przyjęciu, a stara sukienka nie prezentuje się już zbyt dobrze. Trzeba pomyśleć o czymś nowym. Do tego jeszcze jakiś dobry krem przeciwzmarszczkowy i maseczka regenerująca...
Koniecznie musi zamówić tort czekoladowy - bo jej nigdy nie wychodzi tak dobrze. Kupi też makowiec, szarlotkę i trochę ciastek na wagę, a sama upiecze babeczki z owocami, które wszyscy uwielbiają. Dlatego musi też kupić mąkę, masło, śmietanę, jajka, proszek do pieczenia. Na kolację jakieś dobre sery i wędliny. A, jeszcze schab, karczek i boczek do upieczenia. Nie może też zapomnieć o pieczywie: ciemny chleb dla synowej, pszenny dla zięcia, bułki i rogale dla wnuków. Po drodze musi wstąpić po leki na nadciśnienie, magnez i witaminy. Dobrze by było przy okazji wymienić baterię w zegarku. Chciałaby też od razu wybrać łańcuszek z serduszkiem na urodziny wnuczki, bo to przecież już w przyszłym tygodniu. No, a wnuczek dał jej całą listę sprawunków: zeszyty, blok techniczny, kredki, segregator. Mogłaby też wstąpić do księgarni po jakąś dobrą książkę do poduszki, bo ostatnio źle sypia. O, i kartka urodzinowa dla wnuczki. Trzeba by też zamówić bukiet urodzinowy i może jakieś kwiaty na stół. Na koniec bakłażany i czosnek na ulubioną sałatkę. Zaraz, zaraz! Jeszcze kapcie dla wnuka, a dla niej wygodne buty, bo stare ją cisną i w nich na pewno nie da rady zrobić tych wszystkich zakupów.

14 A.
Mam bardzo odpowiedzialną i stresującą pracę. Często muszę zostawać po godzinach. Kiedy wychodzę, jest już za późno, żeby iść na spacer. Chcę się jakoś rozładować po całym dniu i niestety najprostszym sposobem jest wejście do sąsiadującego z naszym biurowcem galerii handlowej. Sklepy są czynne do 22.00, więc bez problemu mogę po nich powłóczyć. Nigdzie się już nie spieszę, bo obiad zjadam w jednym z barów, i mogę sobie do woli poprzymierzać najróżniejsze bluzki, spódnice, ładną bieliznę. Szkoda tylko, że zawsze chodzę sama i nie mam się kogo zapytać, czy coś mi pasuje.

B.
Jesteśmy rodziną, która zdecydowanie woli spędzać weekend aktywnie na świeżym powietrzu, niż marnować czas na zakupy. Niestety jest nas pięcioro i jedzenia w lodówce ubywa szybko. Dlatego mój mąż wymyślił system poniedziałkowych zakupów. Po pierwsze: w supermarketach nie ma wtedy tłumów. Po drugie: kiedy masz mniej czasu, nie włóczysz się po sklepie, tylko wkładasz do koszyka to, co jest wypisane na liście. Po trzecie: nie chodzimy na zakupy całą rodzinką, tylko na zmianę - ja, mąż i najstarsza córka. Muszę przyznać, że ten system sprawdza się nieźle.
C.
Zakupy to dla mnie duży problem. Dobrze, że moi sąsiedzi są bardzo życzliwi i raz na dwa tygodnie robią mi większe zakupy w jakimś supermarkecie. Dzięki temu nie muszę dźwigać ciężkich siatek ani przepłacać w naszym osiedlowym sklepie. Na co dzień kupuję tylko chleb, wędlinę, jakieś owoce, czasem warzywa. Nie wiem, co bym zrobiła bez moich sąsiadów.
D.
Na większe zakupy jeżdżę zawsze z żoną. Wcześniej przygotowujemy wspólnie listę zakupów. Czasem spieramy się przy tym o różne drobiazgi. Żona mówi, że przydałoby się jeszcze to i owo, a ja na to, że większa emerytura też by się przydała. Mimo to oboje dobrze wiemy, że jak się trafi jakaś promocja, to wrócimy z dodatkowymi sprawunkami. Zresztą, co tu dużo mówić, lubimy zakupy. W centrach handlowych niczego nie brakuje i ten wyjazd do miasta raz na miesiąc to dla nas atrakcja.
E.
Najczęściej chodzę na zakupy z rodzicami, ale raz w miesiącu mama pozwala mi iść do miasta z koleżankami. Tak naprawdę to nie kupujemy wtedy zbyt wiele, ale uwielbiamy przymierzać różne rzeczy. Moja przyjaciółka lubi też zaglądać do księgarni, ja wolę w tym czasie iść do sklepu plastycznego. Jest tam mnóstwo ciekawych rzeczy nie tylko dla profesjonalistów, ale też dla takich hobbystów jak ja. Zwykle wracam stamtąd z nowym szkicownikiem, farbami do szkła i ceramiki, modeliną. Ostatnio kupiłam sobie farby do tkanin. Mam kawałek jedwabiu i zrobię mamie chustę na imieniny.
F.
Kiedyś uwielbiałam zakupy, całe godziny spędzałyśmy z koleżankami w sklepach. Zawsze wracałyśmy z torbami pełnymi kolorowych ciuchów. Gdy brakowało nam pieniędzy, chodziłyśmy do sklepów z tanią odzieżą. Tam często można było znaleźć naprawdę fajne rzeczy. Teraz urządzamy z mężem mieszkanie, spłacamy kredyt i nie ma mowy o żadnych wyprawach na ciuchy. Za to bez przerwy muszę jeździć po sklepach z farbami, płytkami, akcesoriami łazienkowymi i kuchennymi, oświetleniem. Chwilami mam już dość, natomiast mój mąż z dużym zapałem wybiera śrubki, klamki, uchwyty, kontakty i tysiące innych rzeczy.

Lekcja_**21**

6 Pani Zofia postanowiła, że walentynkowy wieczór spędzą razem z mężem miło i kulturalnie. Najpierw sprawdziła repertuar teatrów. W ich ulubionym teatrze, niedaleko Wawelu, akurat była grana sztuka pt.: „Ogień uczuć". Pomyślała, że to idealny temat na 14 lutego, zwłaszcza, że godzina też jej odpowiadała: dziewiętnasta to ani nie za wcześnie, ani nie za późno. Skorzystała z rezerwacji internetowej i wypełniła formularz. Nie mogła przypomnieć sobie swojego nowego numeru telefonu, ale na szczęście był zapisany w notesie: 605 973 749. Już po godzinie dostała odpowiedź i numer konta, na który od razu wpłaciła pieniądze. Niestety, bilety nie były tanie: 75 zł jeden. Numery miejsc sprawdziła na planie widowni. Okazało się, że miejsca 19 i 20 w trzynastym rzędzie nie są najlepsze, ale nie było już innych obok siebie.

Lekcja_**22**

7 Angela: Naprawdę, cieszę się, że namówiłaś mnie na tę wystawę. Jestem pod dużym wrażeniem tej ekspozycji. Rewelacyjna, olśniewająca! Nie spodziewałam się tak wysokiego poziomu artystycznego. Zwłaszcza ta ostatnia praca przemówiła do mnie najsilniej.
Mami: A mnie zdecydowanie nie podobała się ta wystawa. Uważam, że była kiepska. Te prace są naprawdę marne. Ktoś nie umie dobrze malować, więc próbuje zaskakiwać odbiorców. Najbardziej nie lubię słabych artystów, którzy udają, że są wybitni.
Javier: Sam nie wiem, co o tym myśleć. Z jednej strony pomysł fajny, ale z drugiej to nic szczególnego. Owszem, wystawa przyciąga uwagę, ale nie zachwyciła mnie żadna z tych prac. Wolę tradycyjną sztukę.

9 Szanowni Państwo! Rozpoczynamy III edycję Wielkiej Aukcji Charytatywnej. Serdecznie zapraszamy na licytację obrazów młodocianych artystów. Przypominam państwu, że tegoroczny dochód z aukcji będzie przeznaczony na zakup leków dla podopiecznych hospicjum „Dziecięce Marzenia". Całą aukcję można będzie również śledzić na żywo na stronie www.dziececemarzenia.pl i telefonicznie brać udział w licytacji. W czasie dzisiejszej aukcji będziemy licytować 80 prac.
Obraz numer jeden został namalowany przez ośmioletnią Łucję. Na pierwszym planie jasnoniebieska woda, być może jezioro w oazie. W centrum kompozycji kolczasty krzew i wysmukła palma odcinające się ciemną plamą od złocistych, widocznych w tle piaskowych wydm. Nad wydmami obraz spina całość klamrą błękitu. Proszę zwrócić uwagę na ciepłą kolorystykę tej pracy i promieniującą z niej dobrą energię. Cena wyjściowa obrazu: 100 złotych. Kto da więcej? Proszę pan z numerem 3, 120 złotych, 120 po raz pierwszy...

11 Andrzej Morawski jest znanym lekarzem, dziś gości na antenie radiowej, by opowiedzieć państwu o swojej największej pasji - malarstwie oraz wiążących się z nim perypetiach.
R: Panie Andrzeju, proszę zdradzić słuchaczom, jak powstały wszystkie te świetne prace, które można teraz obejrzeć w galerii „Nowa Sztuka".
A: Witam państwa serdecznie. Zacznę od tego, że nie mam żadnego

wykształcenia artystycznego i nigdy nie uczyłem się sztuki malowania. Jak powstały moje obrazy? Cóż, jestem kardiochirurgiem, to wyjątkowo stresująca praca. Czasem, kiedy odchodzę od stołu operacyjnego, wydaje mi się, że jestem o parę lat starszy. Malowanie było zawsze moją pasją, potem stało się ucieczką od zawodowych stresów.

R: Czy tak od razu stanął pan przy sztalugach?

A: Nie, na początku moje emocje przelewałem na to, co było pod ręką. Szkicowałem na luźnych kartkach, brzegach gazet, ulotkach reklamujących leki. Kiedyś dyskutując z kolegami w gabinecie, narysowałem coś na dokumentacji pacjenta. Wtedy zirytowany ordynator zapytał, czy mnie nie stać na blok rysunkowy. Czy zawsze muszę wszystko pokrywać swoimi bazgrołami?

R: Poczuł się pan urażony?

A: Wprost przeciwnie. Do tej pory rysowałem automatycznie, rozumie pani, jedni sięgają po papierosa, inni obgryzają paznokcie, a ja brałem do ręki ołówek lub długopis. Dzięki ordynatorowi doznałem olśnienia i… kupiłem szkicownik.

R: Na wystawie można podziwiać kilka pańskich szkiców, ale dominują obrazy olejne. Kiedy zaczął się kolejny etap?

A: Wtedy, gdy pokazałem moje rysunki pięcioletniemu synkowi. Pooglądał, popytał o to i owo, a potem stwierdził, że fajne, ale lepsze by były kolorowe i takie jak na ścianie: prawdziwe, a nie papierowe.

R: I tak zaczęła się pana przygoda z malowaniem?

A: Mniej więcej tak. Kupiłem pierwsze płótna i farby. Najpierw traktowałem to tylko jako zabawę. Nie przejmowałem się, czy mi coś wychodzi. Pokoik na poddaszu, gdzie ustawiłem sztalugi, to było przede wszystkim miejsce wytchnienia. Czasem nie brałem nawet pędzla do ręki, tylko oglądałem stare szkice. Jednak coś kazało mi malować. Próbowałem, próbowałem…

R: Jak to się stało, że pana obrazy trafiły do galerii?

A: Wszyscy koledzy wiedzieli o mojej pasji. Raz ktoś powiedział mi o jakimś konkursie, sugerował, że powinienem wysłać jeden ze swoich obrazów.

R: I?

A: Nie wysłałem, ale zrobiła to żona. I tak się zaczęło.

R: Czy teraz jest pan bardziej lekarzem, czy bardziej artystą?

A: Lekarzem. Kiedy okazało się, że w dniu wernisażu wypadła nieplanowana operacja, nie miałem wątpliwości, gdzie jest moje miejsce. Pojechałem na blok operacyjny.

R: Czego panu życzyć na przyszłość?

A: Dobrego oka i sprawnych rąk, bo jedno i drugie jest nieodzowne zarówno w moim zawodzie, jak i realizowaniu moich pasji.

Lekcja_**23**

1
1. Proszę podać nazwisko panieńskie matki.
2. Szczęśliwego Nowego Roku!
3. Trochę za blisko, nie ma niczego dalej od ekranu?
4. Piękna bramka! I w tej sekundzie sędzia kończy mecz.
5. Oni są odpowiedzialni, szczerzy, uprzejmi.
6. Po maturze chciałbym pójść na prawo.
7. Czy ma pani jakieś doświadczenie zawodowe?
8. Czy mógłby pan schylić się po niego?
9. W czasie startu prosimy o nieużywanie urządzeń elektronicznych i nieopuszczanie swoich miejsc.
10. Z góry dziękuję za odpowiedź. Z poważaniem, Jan Ptak.
11. Przejście dla pieszych jest tam.
12. Proszę do pełna. A czy jest zimowy płyn do spryskiwaczy?
13. To ponad moje siły, żeby żyć dalej.
14. To wszystko przez ciebie!
15. Gdzie są pisanki? Chciałbym włożyć je do koszyczka.
16. Razem z przyjaciółmi wynajęliśmy żaglówkę.
17. Nigdy nie żałowałem tej decyzji.
18. Konflikty nie ominą cię w życiu prywatnym i zawodowym.
19. Gdybym wygrał w Lotto, chyba kupiłbym dom.
20. Zdecydowanie wolę świeże niż mrożone.
21. Zobacz, film już się ściągnął, zaoszczędzimy na biletach do kina.
22. Te obrazy wywarły na mnie ogromne wrażenie, są zachwycające!

2
1. Jakie ma pan obywatelstwo?
2. Żałuję, że się zgodziłam.
3. Rząd piąty, miejsce siódme i ósme.
4. Na boisko wszedł rezerwowy zawodnik.
5. On jest leniwy, skąpy i bezczelny.
6. Na pulpicie są ikonki. Którą przeglądarkę wolisz?
7. Mam doświadczenie w kierowaniu zespołem.
8. Czy mogę przeprowadzić z panią wywiad?
9. Prosimy o zapięcie pasów, złożenie stolików i zapoznanie się z instrukcją bezpieczeństwa.
10. Wyrazy ubolewania z powodu śmierci pańskiej małżonki.
11. Zejście ze szlaku wzbronione!
12. Proszę zaraz wysiąść i przesiąść się na czwórkę.
13. Co za kłamca!
14. Postaw znicz na grobie, obok kwiatów.
15. A teraz podzielimy się opłatkiem.
16. Jak daleko do schroniska?
17. Jeśli wygram, będę walczyć o cele, które sobie postawiłam.
18. Jakie śmieszne wielbłądy!
19. Powinniście jechać jednym samochodem.
20. Właściwie wszystko mi jedno.
21. Nie mam żadnych wątpliwości.
22. To było zaledwie przeciętne.

3
Kochani! Za nami kolejny etap nauki, czas na test. Należy wam się wyjaśnienie, na czym on będzie polegał. A więc: standardowy test sprawdzający wasze kompetencje językowe powinien składać się z kilku części.
Po pierwsze: rozumienie ze słuchu. Waszym zadaniem jest wybranie lub sformułowanie właściwej odpowiedzi na pytania w trakcie nagrania lub po jego wysłuchaniu. Może to też być zaznaczenie właściwej odpowiedzi albo uzupełnienie brakujących fragmentów tekstu.
Po drugie: gramatyka, czyli wybranie lub utworzenie gramatycznie poprawnej formy lub struktury.
Po trzecie: rozumienie tekstów pisanych. Zadaniem zdających jest przeczytanie i badanie sprawności pisania, a nie wykazanie się wiedzą specjalistyczną. Oceniane będą treść, długość, forma, kompozycja, poprawność gramatyczna, słownictwo, styl, ortografia i interpunkcja.
Po czwarte: pisanie własnego tekstu z zestawów tematycznych do wyboru. Celem jest badanie sprawności pisania, a nie wykazanie się wiedzą specjalistyczną. Oceniane będą treść, długość, forma, kompozycja, poprawność gramatyczna, słownictwo, styl, ortografia i interpunkcja.
I na końcu, zwykle tylko na egzaminach certyfikatowych: mówienie, czyli kilkuminutowa prezentacja na wylosowany temat, minidyskusja, komentowanie jakiejś sytuacji, wyrażenie swojej opinii czy opisywanie fotografii. Tu będzie oceniana nie tylko poprawność i słownictwo, ale też płynność wypowiedzi, idiomatyka, wymowa, intonacja. Czy wszystko jasne?

10
Rodzice zawsze mi powtarzali, że nie uczę się dla ocen tylko dla siebie. Kiedy przynosiłem piątkę, mama mnie chwaliła, a tata mówił: „Moja krew! Ja w szkole miałem same piątki!". Kiedy udało mi się dostać pierwszą szóstkę, rodzice wzięli mnie na lody i byli bardzo dumni. Mówili, że jestem zdolny, ale muszę dużo pracować, bo talent to nie wszystko. Czasami dostawałem czwórki z plusem lub tylko czwórki i to było komentowane krótko: „Dobrze, a ile było piątek w klasie?". Albo: „A co dostał Patryk?". Patryk był moim najlepszym szkolnym przyjacielem, zresztą sąsiadem również, bo mieszkał obok nas. Razem też dostaliśmy jedynki z historii. O, było słychać przez ścianę, że jego rodzice, tak samo jak moi, nie są zadowoleni… Obaj mieliśmy wtedy szlaban na telewizję. Potem, już w liceum, nie uczyłem się za dobrze. Często miałem oceny dostateczne, piątka to był jakiś wyjątek. Ojciec mówił: „Co za leń!", a mama milczała i kręciła głową z dezaprobatą. W końcu uczyłem się dla siebie, tak? Po latach, kiedy już byłem doktorem na uczelni, robiłem porządek w dokumentach rodziców. Znalazłem ich szkolne świadectwa. I wiecie co? Oni też uczyli się dla siebie: z góry na dół prawie same trójе!